tortura branca

tortura branca

Narges Mohammadi

Vencedora do Prêmio Nobel da Paz 2023

Entrevistas com prisioneiras iranianas

TRADUÇÃO A PARTIR DO INGLÊS
Gisele Eberspächer

instante

© 2024 by Editora Instante
White Torture Interviews with Iranian Women Prisoners by Narges Mohammadi.
© 2020, 2023 by Narges Mohammadi. Publicado originalmente em persa pela Baran Publishing (Suécia) sob o título *Shekanje Sefid* em 2020. © 2022 by Shirin Ebadi (prefácio); © 2022 by Shannon Woodcock (introdução); © 2022 by Nayereh Tohidi ("Uma nota sobre Narges Mohammadi").
Publicado sob acordo com a Oneworld Publications por intermédio da LVB & Co. Agência e Consultoria Literária. Todos os direitos reservados. Proibida a reprodução total ou parcial sem a autorização prévia dos editores.

Direção Editorial: **Silvio Testa**

Coordenação Editorial: **Carla Fortino**
Edição: **Fabiana Medina**
Revisão: **Laila Guilherme** e **Andressa Veronesi**
Capa e Ilustrações: **Fabiana Yoshikawa**
Imagem de Narges Mohammadi: **Divulgação**
Diagramação: **Estúdio Dito e Feito**

1ª Edição: 2024

Dados Internacionais de Catalogação na Publicação (CIP)
(Angélica Ilacqua CRB-8/7057)

Mohammadi, Narges
  Tortura branca : entrevistas com prisioneiras iranianas / Narges Mohammadi ; tradução de Gisele Eberspächer. —
1. ed. — São Paulo : Editora Instante, 2024.

  ISBN 978-65-87342-56-6
  Título original: White Torture — Interviews with Iranian Women Prisoners

  1. Mulheres prisioneiras 2. Prisioneiros políticos 3. Irã I. Título II. Eberspächer, Gisele

24-1236
CDD 365.43
CDU 343.811

Índices para catálogo sistemático:
1. Mulheres prisioneiras

Direitos de edição em língua portuguesa exclusivos para o Brasil adquiridos por Editora Instante Ltda. Proibida a venda em Portugal, Angola, Moçambique, Macau, São Tomé e Príncipe, Cabo Verde e Guiné-Bissau.

Texto fixado conforme o Acordo Ortográfico da Língua Portuguesa de 1990, em vigor no Brasil a partir de 2009.

www.editorainstante.com.br
facebook.com/editorainstante
instagram.com/editorainstante

Tortura branca é uma publicação da Editora Instante.

Este livro foi composto com as fontes Arnhem e Cactus Jack Alternate e impresso sobre papel Pólen Natural 70g/m² em Edições Loyola.

SUMÁRIO

Apresentação — Narges Mohammadi, 7
Prefácio — Shirin Ebadi, 9
Introdução: em solidariedade — Shannon Woodcock, 14

Entrevistas e testemunhos
Narges Mohammadi, 25
Nigara Afsharzadeh, 53
Atena Daemi, 62
Zahra Zehtabchi, 72
Nazanin Zaghari-Ratcliffe, 84
Mahvash Shahriari, 101
Hengameh Shahidi, 120
Reyhaneh Tabatabai, 134
Sima Kiani, 142
Fatemeh Mohammadi, 148
Sedigheh Moradi, 154
Nazila Nouri & Shokoufeh Yadollahi, 167
Marzieh Amiri, 175

Apêndices
Carta de Narges Mohammadi ao
    Comitê norueguês do Nobel, 191
Uma nota sobre Narges Mohammadi — Nayereh Tohidi, 196

Sobre a concepção da capa, 208

Narges Mohammadi

Apresentação

Narges Mohammadi
[março de 2022]

Escrevo esta apresentação nas últimas horas da minha saída temporária. Em breve, serei obrigada a voltar à prisão.

Em 16 de novembro de 2021, fui presa pela décima segunda vez e, pela quarta, sentenciada ao confinamento em solitária. Passei sessenta e quatro dias presa na ala 209 da prisão de Evin, gerida pelo Ministério da Inteligência e da Segurança Nacional da República Islâmica do Irã. Desta vez, fui considerada culpada por conta do livro que você tem em mãos — *Tortura branca*. Me acusaram de manchar o nome do Irã ao redor do mundo. Agora estão determinados a provar que minha campanha para acabar com o confinamento solitário falhou. Vão me submeter mais uma vez a essa tortura e mostrar para ativistas de todo o mundo que o governo reina supremo.

Fui condenada ilegalmente em primeira instância a oito anos e dois meses na prisão, além de setenta e quatro chibatadas, pena que foi subsequentemente reduzida para seis anos na prisão, com o mesmo número de chibatadas. Em consequência disso, estou cumprindo duas sentenças separadas: uma anterior, de trinta meses na prisão e oitenta chibatadas, além desta mais recente. Quando somadas a outra sentença mais antiga, agora encaro mais de trinta anos de prisão.

Mas nada vai me impedir de continuar minha luta contra o confinamento solitário. Tendo recebido uma permissão para saída temporária por conta de problemas de saúde depois de um infarto na prisão de Qarchak e uma cirurgia cardíaca, reafirmo que essa é uma punição cruel e desumana. Não vou descansar até que seja abolida.

Eles vão me prender novamente. Mas não vou parar minha campanha até que os direitos humanos e a justiça vençam em meu país.

Narges Mohammadi, ganhadora do Nobel da Paz em 2023, é ativista e vice-líder do Centro de Defensores dos Direitos Humanos (CDDH), fundado pela também laureada Shirin Ebadi. Na p. 196, encontra-se sua biografia mais detalhada.

Prefácio

Shirin Ebadi
[julho de 2020]

Tortura branca reúne entrevistas que a ativista humanitária Narges Mohammadi realizou com mulheres durante sua própria situação angustiante. Desde a eleição presidencial de 2009, Narges tem sido repetidamente presa por suas atividades como vice-presidente e porta-voz do Centro de Defensores dos Direitos Humanos (CDDH),* organização que faz campanha pela abolição da pena de morte.

Atualmente está confinada na prisão de Zanjan, uma detenção ilegal até mesmo pelas leis da República Islâmica. A razão para tal fato está em sua empatia por outros prisioneiros e pelas condições que suportam. Muitos manifestantes foram mortos em protestos contra o governo em todo o país, em novembro de 2019. Marcando o quadragésimo dia após essas mortes com um ato de solidariedade dedicado às famílias das vítimas, Narges pretendia realizar uma greve com as outras detentas, na qual todas ficariam sentadas. Ela havia informado às autoridades e ao público, de maneira corajosa, que essa greve seria realizada no escritório da ala feminina da prisão de Evin, em Teerã. No terceiro dia, alegando que seu advogado iria encontrá-la, Gholamreza Ziaei, o diretor do presídio, convocou Narges a seu escritório,

---

* Organização iraniana dedicada aos direitos das mulheres, das minorias e dos presos políticos sediada em Teerã e fundada em 2001 por proeminentes advogados iranianos. Shirin Ebadi, ganhadora do Nobel da Paz em 2003, é a atual presidente; Narges Mohammadi ingressou na organização em 2003 e tornou-se vice-presidente. [N.E.]

agrediu-a verbalmente e a ameaçou de morte. Enquanto ela, sem dizer nada, se virava para retornar à cela, Ziaei a jogou contra a parede e a espancou brutalmente, machucando seu corpo e prensando suas mãos contra uma porta de vidro que estilhaçou, fazendo-as sangrar. Apesar dos ferimentos, as autoridades imediatamente a transferiram para Zanjan. Em dezembro de 2019, Narges apresentou uma queixa contra Ziaei, que foi deliberadamente ignorada. Em retaliação, ele fez o mesmo contra Narges, apresentando uma queixa por "difamação contra o chefe do presídio".

Contrariando a lei que regulamenta os procedimentos criminais e em razão dessa queixa, um investigador foi à prisão para interrogar e conversar com Narges. Ela perguntou a ele por que não a convocaram ao tribunal de Zanjan para que pudesse responder às perguntas como qualquer outra pessoa, inclusive prisioneiros comuns. "Você não tem permissão para sair do presídio em nenhuma circunstância", disse ele. "Por isso, viemos aqui para interrogá-la."

"Bem, não responderei às suas perguntas aqui", respondeu ela, contestando as ações ilegais.

No momento, mais dois casos contra Narges estão sendo investigados, além das condenações existentes. O oficial de segurança encarregado do seu caso lhe disse várias vezes que ela seria imediatamente libertada se parasse de fazer campanhas e se desligasse do CDDH. Ela rejeitou a oferta. Um funcionário do Ministério da Inteligência a ameaçou, dizendo: "Então tenha certeza de que você não sairá viva da prisão".

Em Zanjan, Narges nem sempre foi mantida a salvo de suas companheiras de prisão. Há algum tempo, algumas delas se aproximaram de Narges após serem instigadas por guardas que lhes haviam prometido saída antecipada e libertação se a confrontassem. Narges se escondeu no banheiro a noite toda depois que uma das prisioneiras ameaçou matá-la. Felizmente, o plano do governo falhou, e Narges, devido ao bom caráter e à assistência jurídica que prestava às mulheres sem-teto da prisão, gradualmente se tornou amiga de outras prisioneiras e superou essa crise.

A covid-19 então se espalhou por todo o mundo, inclusive no Irã e em especial nas prisões do país. Uma das companheiras de cela de Narges foi diagnosticada com o vírus e mandada para casa. Alguns dias depois, outras companheiras de cela, incluindo Narges, começaram a apresentar sintomas, mas os funcionários da prisão lhes negaram o direito de serem testadas. Como todas pioraram e suas famílias pressionaram as autoridades prisionais, acabaram permitindo realizarem os exames. No entanto, os funcionários se recusaram a informar Narges a respeito de seus resultados.

Apenas quatro companheiras de cela, que não apresentavam sinais da doença, foram liberadas. Narges e outras onze detentas permaneceram isoladas em quarentena. Embora Narges corresse um risco maior, pois lida com as sequelas de uma embolia pulmonar sofrida no passado e com uma condição neurológica que causa paralisia muscular, os funcionários do presídio não permitiram que ela consultasse seu próprio especialista. Alegaram que o centro de saúde da prisão bastava. No entanto, todos sabem que as instalações de saúde das prisões iranianas são limitadas, sobretudo em Zanjan.

Narges informou as autoridades e o público sobre essas condições injustas. Até pediu ao ministro da Saúde que fosse à prisão para ver pessoalmente o atendimento médico inadequado. Em vez de atender às suas exigências, o chefe de gabinete do Judiciário a ridicularizou, chamando-a de mentirosa, e disse que as informações fornecidas por ela não haviam sido verificadas pelo chefe da prisão de Zanjan.

Nenhum muro da prisão foi capaz de impedir que a voz de Narges Mohammadi chegasse às pessoas. Quando ela descobriu, em Evin, que as mulheres presas, ao contrário dos homens, não tinham o direito de fazer ligações telefônicas para parentes e filhos, convocou uma campanha especial para "apoiar as mães na prisão". Essa campanha atraiu a atenção dos iranianos em todo o mundo e forçou o governo a recuar. Como resultado, as mulheres receberam o direito de fazer ligações. Com base nisso, Narges pôde falar com seus dois filhos (embora apenas vinte e quatro minutos por semana), que vivem no exílio em Paris com o pai. Mais tarde, quando o governo percebeu a tenacidade de Narges em protestar contra a injustiça e apoiar outras pessoas, seu direito de fazer ligações foi retirado. Faz cerca de um ano que ela ouviu as vozes de seus filhos pela última vez. Como escreveu em uma carta, "não sei se meus filhos me conhecerão quando eu sair da prisão nos próximos anos. Eles reconhecerão minha voz? Será que ainda vão me chamar de mãe?".

Narges já cumpriu mais de sete anos de sua sentença de dez anos e, tecnicamente, tem direito à liberdade condicional, mas está privada dos direitos de uma prisioneira comum. Essas mulheres podem comprar carne, legumes ou frutas na loja do presídio, mas ela é proibida. Portanto, Narges tem comido apenas as rações diárias para prisioneiras desde sua mudança para Zanjan: batata, ovo e pão.

Como se pode constatar, apesar das correntes que a aprisionam, Narges ainda ruge como uma leoa. É por isso que o regime quer esmagá-la.

Tortura branca é mais um rugido dessa leoa. O assunto central das entrevistas e dos testemunhos é o uso do confinamento solitário nas prisões iranianas, um dos exemplos mais proeminentes de tortura. Narges Mohammadi sempre foi a porta-voz da oposição ao confinamento solitário, mesmo antes de ser presa. E continuou a resistir a essa prática dentro da prisão.

Para expressar sua oposição, ela conduziu entrevistas com várias detentas, principalmente as prisioneiras de consciência[*] encarceradas com ela.

---

[*] A expressão "prisioneiro/a de consciência", cunhada em 1961 a partir de um artigo publicado no jornal britânico *The Observer*, refere-se a pessoas presas em consequência da expressão não violenta de ideias, convicções, crença ou ideologia. Com o tempo, passou a contemplar também pessoas encarceradas por causa de raça, etnia, religião ou orientação sexual. A utilização do termo foi amplamente incentivada pela organização mundial Anistia Internacional. [N.E.]

Quando as pessoas relembram suas experiências alguns anos mais tarde, parte delas é inevitavelmente esquecida ou mesclada com outras memórias. É por isso que registros imediatos são tão importantes.

Essas declarações foram feitas dentro dos muros da prisão, no calor do momento, e testemunham os esforços para garantir justiça às prisioneiras de consciência no Irã.

Essa é a conquista de Narges Mohammadi, que, apesar de todas as dificuldades, compreende a necessidade de expor os fatos e não abandona seus objetivos.

É doloroso ver uma pessoa presa por seu ativismo em prol dos direitos humanos, privada de todos os direitos legais que até mesmo o regime islâmico concede a prisioneiras comuns porque ela não se cala diante da injustiça. Nossa história não permitirá que Narges e todas essas leoas sejam relegadas ao éter.

Shirin Ebadi é advogada, ex-juíza e ativista iraniana, vencedora do Prêmio Nobel da Paz de 2003. Foi uma das fundadoras do Centro de Defensores dos Direitos Humanos do Irã.

Introdução: em solidariedade

Shannon Woodcock

Este livro é uma valiosa coletânea de entrevistas conduzidas por Narges Mohammadi com mulheres que foram (algumas ainda estão) encarceradas por terem crenças religiosas, éticas e políticas que não se conformam com as condições repressivas da República Islâmica do Irã. Neste volume, Narges e outras treze entrevistadas documentam, narram e discutem uma forma específica de tortura usada contra elas no contexto carcerário, o cerne da sociedade iraniana contemporânea: a privação sensorial extrema, conhecida como tortura branca. As mulheres que documentam a tortura branca neste livro são Narges Mohammadi, Nigara Afsharzadeh, Atena Daemi, Zahra Zehtabchi, Nazanin Zaghari-Ratcliffe, Mahvash Shahriari, Hengameh Shahidi, Reyhaneh Tabatabai, Sima Kiani, Fatemeh Mohammadi, Sedigheh Moradi, Nazila Nouri, Shokoufeh Yadollahi e Marzieh Amiri.

Esta breve introdução contextualiza tais entrevistas, que formam a primeira análise em livro sobre como o regime islâmico utiliza amplamente a tortura branca no Irã. O livro é composto pelos depoimentos das mulheres que passaram por isso — e, em alguns casos, ainda estão passando — enquanto permaneciam detidas por motivos políticos; a obra também fornece a documentação mais detalhada até o momento sobre como o regime mira e tortura especificamente as mulheres acusadas de crimes políticos contra o Estado.[1] Mohammadi reuniu tantas vozes e experiências nesta coletânea que permite um enriquecimento no já florescente campo das memórias de mulheres iranianas nas prisões ao trazer informações sobre o que está acontecendo no Irã em 2020.[2] O trabalho árduo e a coragem das mulheres que compartilharam suas experiências e conhecimentos são poderosos, dolorosos e demandam ação.

Tortura branca revela como a República Islâmica do Irã exige a aniquilação total de uma crença na justiça e como tortura mulheres por defenderem os direitos humanos, por sua religião ou, em casos como o de Nazanin Zaghari-Ratcliffe, com o intuito de pressionar outros países a negociar com o Irã. Desde o início, o regime islâmico tomou reféns para pressionar a família e a comunidade do prisioneiro e para forçar a sociedade a se submeter. Estes depoimentos mostram que a tortura branca inflige feridas profundas, mas que também pode não alcançar o que o regime pretende. O regime islâmico não é capaz de separar uma mulher do amor por sua família, por seus concidadãos ou por seu Deus. Este livro nos apresenta a um grupo de mulheres que falam abertamente com todos os seus sentidos e sua alma; elas são o antídoto para a tortura branca: constroem força, solidariedade e amor.

A tortura não é novidade na sociedade ou nas prisões iranianas. Estudiosos como Darius M. Rejali (1994) e Ervand Abrahamian (1999) documentaram como uma gama ampla de métodos de tortura já foi usada no Irã contra presos ao longo do século passado. Deve-se observar ainda que os governos dos Estados Unidos, do Reino Unido e de uma infinidade de outras nações também recorreram à tortura como forma de controle dentro das prisões (ver Brundage [2018] e

---

1 Para uma pesquisa sobre tortura e as condições das mulheres encarceradas como prisioneiras "comuns", em oposição às presas políticas, ver Anaraki (2021).

2 Memórias notáveis de mulheres que sobreviveram à tortura como presas políticas no Irã publicadas em inglês incluem: Roohizadegan (1993); Agah, Mehr, Parsi & Mojab (2007); Nemat (2008); Ghahramani (2008); Talebi (2011; 2020).

Foley [2021]). O regime iraniano, que atualmente se agarra ao poder com grande custo para o povo, ascendeu em 1979, após dois anos de revolta popular contra a dinastia Pahlavi, então no controle. Embora o regime islâmico tenha assumido o governo com a promessa de acabar com o uso, pelo xá, de um extenso sistema de inteligência, de um Judiciário corrupto e de tortura generalizada para o controle social, acabou fortalecendo essas instituições para dominar a sociedade, recusando-se a tolerar qualquer dissidência. Desde 1979, o regime tem constantemente visado indivíduos por suas crenças políticas (comunistas, esquerdistas, sindicalistas e outros) e adeptos de outras religiões que não o islamismo xiita. O Estado excluiu institucional e socialmente os adeptos do bahaísmo, os cristãos e os dervixes e usou o sistema prisional, incluindo tortura e interrogatório, em uma tentativa de forçar os prisioneiros a se retratarem publicamente de suas crenças e ações (ver Abrahamian, 1999).

O regime islâmico usa a legislação e a coerção física para criar uma sociedade na qual as mulheres e as minorias étnicas e religiosas têm direitos restritos de locomoção, educação e emprego. As pessoas que se organizam politicamente, protestam ou criticam o Estado são açoitadas, presas e executadas. Como veremos, o Estado iraniano mira e persegue as famílias há gerações, ameaçando encarcerar e torturar os filhos de prisioneiros políticos — e às vezes torturando de fato — para isolar ainda mais as famílias e excluí-las socioeconomicamente. A República Islâmica do Irã é um Estado carcerário: a crueldade e a tortura intensas nas prisões ditam uma lição para o mundo como um todo.

Isso é inaceitável.

A resistência pacífica ao regime tem sido incansável e continua a crescer. Famílias e grupos de direitos humanos protestam contra as execuções secretas, públicas e em massa e o encarceramento, que o regime perpetra com ou sem o devido processo judicial.[3] Em 2020, a pandemia de covid-19 infligiu consequências desastrosas porque a ajuda médica foi prejudicada pelo sigilo do Estado, pela falta de investimento em saúde e por sanções internacionais. Em 2020, houve um aumento expressivo nos seguintes índices: 35% no número de cidadãos ou ativistas encarcerados pelo Estado; 28,9% nas condenações de minorias religiosas; 52,9% nas condenações contra a liberdade de expressão; e 89% nas condenações contra sindicatos (Human Rights Activists in Iran, 2020, p. 42). Desde a década de 1990, o regime iraniano mudou suas técnicas de tortura devido à recusa em aceitar até mesmo a existência de indivíduos cujas crenças religiosas, éticas ou políticas não estejam em conformidade com as do Estado. Em vez de ferir os prisioneiros para obter informações valiosas, o Estado se baseia em atacar a consciência humana (Rejali, 1994, p. 11). A tortura branca está no cerne das penalidades infligidas no complexo carcerário, sendo amplamente utilizada com o confinamento e o isolamento de prisioneiros políticos. O objetivo da tortura branca é romper a conexão entre o corpo e a mente de uma pessoa de maneira definitiva, a fim de forçá-la a se retratar de sua posição ética e de suas ações.

O que é tortura branca?

As mulheres que concederam entrevistas e relatos para este livro descrevem e analisam de forma abrangente a tortura de privação sensorial tal como é praticada no Irã. A tortura branca priva os encarcerados de todos os estímulos sensoriais por longos períodos e é aplicada a prisioneiros de consciência e

---

3 Por exemplo, "Em 1º de março de 2021, um grupo de ativistas pelos direitos civis foi para a frente do Gabinete de Serviços Judiciários em Teerã para prestar uma queixa contra aqueles que solicitam ou impõem o confinamento solitário nos centros de detenção e prisões no Irã, trazendo ao foro da discussão pública uma prática longeva considerada tortura pelas Nações Unidas". Relato em "Lawsuit by Civil Rights Activists Reignites Debate on Solitary Confinement in Iran's Prisons", Center for Human Rights in Iran, 11 mar. 2021.

prisioneiros políticos em conjunto com técnicas de confinamento solitário e interrogatório. Em geral, o Estado encarcera pessoas fora do sistema judiciário formal, o que significa que elas estão na prisão sem julgamento e cientes de que não há um tribunal imparcial ao qual possam recorrer. O encarceramento sem julgamento é usado como arma de tortura e opressão no Irã. De fato, somente em 2020, cento e quarenta e sete prisioneiros fizeram relatos a ativistas de direitos humanos no Irã sobre o fato de serem mantidos "em um estado incerto sobre sua sentença e sua situação" (Human Rights Activists in Iran, 2020, p. 36).

A tortura branca é infligida por meio da arquitetura da prisão, da conduta da equipe e das perguntas dos interrogadores. O controle da luz na cela elimina a capacidade de distinguir a noite do dia e interrompe os padrões de sono. Os prisioneiros são vendados para sair da cela, seja para o que for. A falta de contato humano no confinamento solitário e nos interrogatórios causa dor, e isso é agravado pelo fato de poderem sentir apenas o piso, as paredes de concreto e os cobertores grosseiros. O único cheiro costuma ser o de um banheiro imundo, mantido nesse estado justamente para agredir o olfato dos encarcerados. A comida fornecida é insípida, sempre igual e servida em temperatura ambiente em uma tigela de metal, e o chá é oferecido em copos de plástico. Os depoimentos neste livro descrevem os efeitos dessas medidas.

Narges nos mostra como, mesmo quando a pessoa presa consegue entender que está sendo submetida à tortura branca — projetada para causar medo —, a privação sensorial continua tendo efeitos fisiológicos, como ansiedade. Conforme documentado aqui, a tortura branca desorienta e desestabiliza radicalmente o corpo, induzindo à angústia e a problemas neurológicos e cardíacos. Muitos departamentos de psicologia de universidades nos Estados Unidos realizaram experimentos nesse campo durante as décadas de 1950 e 1960, e foi demonstrado que a privação sensorial causa "alucinações graves, deterioração das funções intelectuais e perceptivas e maior suscetibilidade à propaganda" (Zubek, 1969). É por esse motivo que o regime islâmico institucionalizou o uso da tortura branca acompanhada de espancamentos, interrogatórios e confinamento solitário.

Como ocorre com outras formas de tortura, a tortura branca é projetada para causar danos que duram além do período de prisão (Scarry, 1988). As pessoas submetidas à tortura branca sofrem com condições médicas contínuas e com o conhecimento de que seres humanos podem realizar tais atos bárbaros. Amir Rezanezhad (2021) diz: "A tortura branca faz com que a pessoa permaneça em um estado de desconfiança em relação a tudo e a todos. As palavras das vítimas também não são confiáveis para as pessoas de fora. Isso leva as pessoas a se sentirem isoladas, como é a intenção do regime". A privação sensorial da tortura branca vincula fisiologicamente o estímulo sensorial à experiência traumática, de modo que os sons, os sabores e as experiências do mundo exterior voltem a evocar a dor da prisão.

Rezanezhad, que traduziu este livro do persa para o inglês e trabalhou comigo nesta introdução, descreve os efeitos da tortura branca sobre o prisioneiro após a libertação:

Você deseja estar com a família e os amigos, mas não suporta estar com eles. O silêncio o atormenta. Qualquer voz ou som o incomoda da mesma forma. A ansiedade está sempre pairando e o priva de dormir. Você vê a si mesmo e ao interrogador em seus pesadelos, seja em confinamento solitário, em salas de interrogatório ou até mesmo onde você mora, onde quer que seja.

Pessoas que já estiveram presas sabem que podem ser detidas novamente a qualquer momento. Isso é tortura intencional. A tortura branca é fácil de ser aplicada pelo regime, e seu impacto é marcante e doloroso. Quando Narges foi presa sob a acusação de conspiração e de perturbar a segurança nacional, declarou que "a única maneira de sair da cela era a confissão, o arrependimento e a cooperação". O regime não está tentando extrair informações, mas controlar as pessoas, sobretudo as mulheres, deixando claro que suas crenças religiosas, éticas ou políticas são uma ameaça que o Estado quer eliminar a qualquer custo.

Os efeitos da perseguição, do encarceramento e da tortura sobre as mulheres são diferentes daqueles sobre os homens. Elas são mais vulneráveis aos efeitos socioeconômicos do isolamento devido ao policiamento intenso e ao seu status único no mercado de trabalho e na sociedade. Também são mais vulneráveis à tortura no encarceramento devido ao seu papel como mães e cuidadoras (Alavi, 2020). Isso não quer dizer que os homens não sofram por saberem que suas famílias também serão perseguidas quando estiverem presos ou por serem separados dos filhos. Qualquer prisioneiro sofre por estar isolado daqueles que ama e daqueles que o amam.

Devido à posição social das mulheres na sociedade iraniana, elas são torturadas por serem as principais responsáveis pelos filhos. Os interrogadores as acusam de causar danos a seus filhos por meio de suas convicções supostamente vergonhosas, e, é claro, essas mulheres já haviam contabilizado esse custo antes de serem presas. Os interrogadores manipulam as prisioneiras para agravar essas feridas com a invocação direta da vergonha e do estigma social. O regime também vitimiza as mães na prisão, recusando-lhes o contato com seus filhos, outra tática de tortura. Como conclui Rahimipour Anaraki em seu estudo de 2019 sobre o sistema prisional no Irã, "as mulheres presas são controladas pela administração penitenciária por meio de seus filhos" (Anaraki, 2019, p. 167).

Narges sabia que seus interrogadores tinham todas as informações de que precisavam sobre seu trabalho, mas eles frequentemente usavam os momentos em que a questionavam para acusá-la de falhar e prejudicar seus filhos. Os interrogadores exigiram que Narges se demitisse de sua função no CDDH. Ela se recusou, e eles continuaram a submetê-la à tortura branca, proibindo também sua ligação semanal para a família, a fim de coagi-la a capitular.[4] Este livro mostra a força das mulheres que continuam a exigir tanto o direito de fazer críticas abertas em busca de justiça quanto o de criar seus filhos. O regime iraniano usa a tortura violenta para se manter no poder — agindo de maneira imoral de acordo com qualquer padrão.

Por meio destes catorze relatos de tortura branca, aprendemos a extensão das medidas tomadas no sistema carcerário para silenciar as mulheres. Essas experiências individuais fornecem uma visão valiosa das estatísticas publicadas sobre o encarceramento e a perseguição de minorias no Irã atualmente.

As mulheres apresentadas neste livro ainda estão encarceradas ou foram libertadas recentemente e enfrentam novas acusações. Elas verbalizaram suas experiências de tortura intensa dentro da própria prisão. Trata-se de um feito impressionante, que une voz, intelecto e emoção para analisar e testemunhar uma forma de tortura que visa destruir a capacidade das mulheres de fazerem justamente essa avalição de suas experiências. Como não puderam editar ou revisar seus relatos, Amir Rezanezhad honrou o trabalho delas com uma tradução literal. Suas palavras devem ser lidas tendo em mente a intensidade da pressão sobre elas e prestando bastante atenção aos detalhes. Quando repetem certos detalhes várias vezes no texto, tal reiteração articula a importância desses acontecimentos e o trauma infligido por eles, como observou Rezanezhad. Sua tradução presta uma homenagem ética e intelectual ao poder único dessas mulheres de falar contra o silêncio.

Não se pode mensurar o impacto traumático da tortura branca. As mulheres colaboraram com este volume quando

---

4 Narges Mohammadi denunciou como o regime se vale da figura dos filhos para atingir e torturar mães. Ver, por exemplo, "Shocking report about mothers in prison in Iran", *Iran Focus*, 10 fev. 2017.

ainda estavam sob custódia e, portanto, sofrendo tortura de juízes, agentes de inteligência e guardas do regime iraniano. Isso faz com que suas contribuições sejam extraordinárias e importantes para o meio acadêmico. As entrevistadas registram a crueldade da tortura branca e a força que tiveram de encontrar para sobreviver a ela. Aqui estão as palavras de pessoas que entendem os medos e as fraquezas do regime melhor do que o próprio regime e documentam como as ferramentas de tortura não conseguem separá-las de sua humanidade e de sua crença na justiça e no amor. Este volume fala a verdade sobre o poder, contra a força totalitária do Estado. Estas mulheres deixam para a posteridade a maneira como o Estado iraniano tenta separar a alma do corpo de cada prisioneira por meio da tortura branca — e como, enquanto o Estado as tortura, elas constroem algo maior e mais poderoso do que a sobrevivência individual: redes de solidariedade.

Referências bibliográficas

Abrahamian, Ervand. *Tortured Confessions: Prisons and Public Recantations in Modern Iran*. Berkeley: University of California Press, 1999.

Agah, Azadeh; Mehr, Sousan; Parsi, Shadi & Mojab, Shahrzad. *We Lived to Tell: Political Prison Memoirs of Iranian Women*. Toronto: McGilligan Books, 2007.

Alavi, Shahed. "Shocking Stories of Abuse, Harassment and Humiliation of Female Prisoners in Iran", *IranWire*, 24 jan. 2020.

Anaraki, Nahid Rahimipour. *Prison in Iran: A Known Unknown*. Londres: Palgrave Macmillan, 2021.

Brundage, W. Fitzhugh. *Civilizing Torture: An American Tradition*. Londres: Belknap, 2018.

Foley, Frank. "The (De)legitimation of Torture: Rhetoric, Shaming and Narrative Contestation in Two British Cases", *European Journal of International Relations*, v. 27, n. 1, 2021, pp. 102-6.

Ghahramani, Zarah. *My Life as a Traitor*. Londres: Scribe, 2008.

Human Rights Activists in Iran. *Annual Report 2020. Statistical Report of Human Rights Conditions in Iran*, 2020.

Nemat, Marina. *Prisoner of Tehran*. Nova York: Free Press, 2008.

Rejali, Darius M. *Torture and Modernity: Self, Society, And State in Modern Iran*. Boulder: Westview Press, 1994.

Rezanezhad, Amir. "Reflections on the Effects of Incarceration and Torture", manuscrito não publicado, 2021.

Roohizadegan, Olya. *Olya's Story: A Survivor's Personal and Dramatic Account of the Persecution of Baha'is in Revolutionary Iran*. Londres: Oneworld Publications, 1993.

Scarry, Elaine. *The Body in Pain: The Making and Unmaking of the World*. Oxford: Oxford University Press, 1988.

Talebi, Shahla. *Ghosts of Revolution: Rekindled Memories of Imprisonment in Iran*. Redwood City: Stanford University Press, 2011.

_____. "Sepideh's Diary: A Shocking Glimpse into Women's Prisons in Iran", *IranWire*, 29 jul. 2020.

Zubek, John P. *Sensory Deprivation: Fifteen Years of Research*. Nova York: Appleton-Century, 1969.

Shannon Woodcock é historiadora e pesquisadora especializada em discurso racista e violência e nas formas como as comunidades resistem. Tem trabalhos publicados sobre como os romenos ciganos resistiram ao Holocausto, os discursos pós-socialistas sobre identidade de gênero na Europa Oriental e a história da vida cotidiana na Albânia sob o primeiro-ministro Enver Hoxha. Trabalha principalmente com história oral colaborativa e pesquisa arquivística dirigida à comunidade.

ENTREVISTAS E TESTEMUNHOS

NARGES MOHAMMADI

Meu marido, Taghi Rahmani, foi preso com membros do Conselho de Ativistas Nacionalistas-Religiosos e do Movimento pela Liberdade. Após as prisões, em 19 de março de 2001, nós, as famílias dos prisioneiros, protestamos contra as ações ilegais do Corpo da Guarda Revolucionária Islâmica (CGRI)[1] e do Judiciário. Parte de nosso ativismo incluiu manifestações em frente ao Judiciário, ao Parlamento e ao escritório da ONU. Também conduzimos entrevistas internas e externas referentes às instituições responsáveis. Foi por isso que a seção 26 do Tribunal Revolucionário, chefiada por Hassan Zare — Haddad —, me convocou.[2] Em uma das salas do Tribunal Revolucionário, um interrogador do CGRI me fez algumas perguntas sobre minha entrevista, publicada no jornal que carregava consigo.

Então me levou para a seção 26, onde fui presa por ordem do interrogador encarregado do gabinete, embora o juiz nem tivesse aparecido por lá. O gabinete chamou o juiz para ir ao escritório assinar meu mandado de prisão. Esperei cerca de uma hora, e, quando ele apareceu, assinou o formulário sem sequer falar comigo nem me perguntar qualquer coisa. Em seguida, o interrogador me conduziu para fora da seção.

---

1   O Corpo da Guarda Revolucionária Islâmica (CGRI) é um setor das Forças Armadas do Irã.

2   Hassan Zare Dehnavi, conhecido como juiz Haddad, foi o vice-diretor de segurança da Procuradoria Pública e Revolucionária de Teerã. Acusado de inúmeras violações de direitos humanos, era conhecido por tratar cruelmente os prisioneiros. Morreu em outubro de 2020.

Saímos pela porta dos fundos do Tribunal Revolucionário e entramos em um Peugeot. Disseram-me para baixar a cabeça e vendaram meus olhos. Em seguida, o automóvel nos conduziu por várias ruas antes de entrar por uma porta grande em outro prédio. Partimos novamente e percorremos uma longa distância. As ruas estavam silenciosas. Saí do carro, ainda com os olhos vendados, e entrei no edifício. Senti como se estivéssemos dentro de um castelo em um lugar ermo. Fui levada para uma ala da prisão e depois para uma pequena solitária.

Era a primeira vez que eu ficava trancada em uma cela. Que ambiente estranho; uma pequena caixa sem janela ou qualquer outra conexão com o lado de fora. Havia uma claraboia minúscula acima da minha cabeça, mas quase não entrava luz natural. No alto, em um buraco na parede, uma pequena lâmpada de 100 watts que nunca se apagava.

Eu tinha ouvido que um projetor com uma luz potente ficava ligado dia e noite na cela de Hoda Saber.[3] Tinha ouvido que o tamanho aproximado de uma cela equivalia a um ser humano com os braços estendidos. Tinha ouvido que o silêncio absoluto reinava na prisão e que a porta abria e fechava de três a quatro vezes por dia para se ir ao banheiro e fazer as abluções para a oração. Repassei o que sabia sobre a função do confinamento solitário: tortura branca e lavagem cerebral. Agora eu estava experimentando algo sobre o qual tinha ouvido e lido e estava ciente das terríveis consequências que isso poderia causar. De repente, senti medo.

Não sabia onde estava nem o que fariam comigo. As punições desconhecidas na prisão e a incerteza do futuro eram como um veneno mortal. Eu me perguntava como era possível tratar um ser humano dessa maneira. O que acontece com o direito de respirar, de andar, de ir ao banheiro livremente, de ouvir outras pessoas e conversar com elas? Ser privada dos direitos mais básicos me assustava mais do que pensar nas acusações, no julgamento e na condenação.

---

3 Hoda Saber foi um intelectual e ativista iraniano que, em 2011, fez greve de fome na prisão de Evin e morreu em decorrência de um ataque cardíaco logo em seguida.

Fiquei sentada na cela por horas até que um homem abriu a porta e disse: "Saia". Antes de sair, coloquei o casaco, o lenço e a venda nos olhos. No corredor, percebi que estava em uma ala masculina. A pedido do carcereiro, eu havia desajeitadamente vendado meus olhos com tanta força que não conseguia enxergar e era difícil andar. Um homem caminhou na minha frente e me guiou.

Um pouco mais adiante, achei que tivesse passado por uma porta, e ele me guiou de volta para a direita. Recuei e bati na parede. Ouvi dois homens rindo atrás de mim e me irritei. Eles me levaram para uma pequena sala, retiraram minha venda, fizeram algumas fotos e em seguida ordenaram que a recolocasse. Fui encaminhada de volta para a cela. O som perturbador do trancar e destrancar das fechaduras das portas causava em mim uma dor física. Quando precisasse ir ao banheiro, eu deveria passar um papel colorido por debaixo da porta, então fiz isso. O carcereiro apareceu e me disse para pôr a venda nos olhos. "Não", respondi, "porque o que aconteceu no corredor foi ultrajante, e você riu de mim". Ele fechou a porta e se foi. Fiquei passando o papel por debaixo da porta seguidamente; ele vinha, mas, como eu não estava vendada, fechava a porta e se afastava. Então, quando comecei a gritar, um deles, um sujeito violento, ordenou que eu me posicionasse atrás da porta quando estivesse na cela para que não os visse. Ao que parecia, ele era um dos oficiais da ala. Levantei e comecei a explicar o que havia acontecido e por que não vendaria os olhos.

Trouxeram um rádio e aumentaram o volume para que as pessoas nas outras celas não pudessem nos escutar. Foram extremamente cuidadosos para não sermos ouvidos pelos vizinhos de ala. Por fim, ordenou que eu puxasse meu lenço até o queixo, mantivesse a cabeça baixa e fosse ao banheiro. Um carcereiro me seguiu pelo corredor. Na última cela, vi que os prisioneiros eram todos homens — eu estava mesmo na ala masculina.

Mais tarde, descobri que o dr. Baniasadi, o dr. Gharavi, o sr. Tavassoli, o sr. Sabbaghian e outros membros do

Movimento pela Liberdade do Irã eram mantidos em celas próximas. Fui ao sanitário, que me pareceu pouco higiênico. Ao terminar, ouvi a voz de um carcereiro que estava a poucos passos de lá. Protestei que ele deveria manter uma distância maior, mas ele falou que não era da minha conta onde ficava e que, fosse como fosse, eu precisava me aliviar. Também me disse para lavar as mãos no lavatório. O sabonete Golnar[4] estava desmanchando e ensopado quando o peguei. Então voltei para a cela. Eu não tinha permissão para falar no corredor.

Quando chegou a minha vez de tomar banho, um agente penitenciário apareceu, me entregou um xampu e disse que eu poderia tomar uma ducha. Assim como quando me conduziram até o sanitário, ele se posicionou a apenas alguns passos atrás de mim. Entrei no banheiro com receio. Como o lugar parecia sujo! Mas eu não tinha alternativa: fiquei no meio do cômodo, sem me aproximar muito do chuveiro, para não encostar em nada. Nem me atrevi a fechar os olhos para lavar o cabelo. Não havia fechadura, então só encostei a porta. Pisquei e me certifiquei de que ninguém havia entrado, pois não me sentia nem um pouco segura. Minhas discussões com os guardas para que ficassem mais longe do vaso sanitário e do banheiro eram inúteis, e eu tinha de suportar a situação.

Um dia, olhando para o corredor da ala por uma fresta da cela, vi um idoso recebendo cuidados pessoais de alguém. Havia uma toalha na cabeça dele. Estávamos em setembro de 2001, e o calor era terrível. Ele não se sentia bem por causa da temperatura elevada e foi conduzido para fora. O homem era Taher Ahmadzadeh,[5] acompanhado pelo sr. Na'impour.[6] Somente após minha libertação me lembrei desse momento e me dei conta da identidade deles.

---

4 Marca antiga e comum de sabonetes no Irã.
5 Taher Ahmadzadeh Heravi (1921-2017) foi o primeiro governador de Khorasan depois da Revolução de 1979 e uma figura central do Movimento pela Liberdade.
6 Membro do Movimento pela Liberdade do Irã.

No Centro de Detenção Militar de Ishratabad, os guardas, os presos, a equipe e os médicos eram todos homens; eu era a única mulher encarcerada. Lembrei que Firoozeh Saber[7] fora prisioneira lá antes de mim e descrevera uma situação semelhante: avistara ali o sr. Rajaei,[8] portanto ela estivera provavelmente na mesma ala. Os dias e as noites não passavam para mim. O tempo havia parado. Como não havia relógio, eu adivinhava a hora pela chamada para a oração, que era feita três vezes ao dia. A cela contava com apenas três passos de largura, e andar de um lado para o outro me deixava tonta, mas eu precisava fazer isso. Quando permanecia muito tempo sentada, sentia as paredes se fechando ao meu redor. À noite, antes de dormir, praticava as lições que havia aprendido nas aulas de canto, mas o carcereiro sempre abria a porta e me dizia para não cantar. Então eu sussurrava. Não ouvia a voz de ninguém havia muito tempo, por isso, quando levantava um pouco a minha voz, ficava surpresa. Certa vez, estava orando sem usar casaco e lenço na cabeça, e o guarda abriu a porta. Embora tenha me visto orando, ele parou por um tempo e depois me chamou para um interrogatório. Durante o percurso até a sala, o carcereiro enrolou um jornal, colocando uma ponta em minha mão e segurando a outra.

Havia pequenas celas na área onde ocorriam os interrogatórios, de onde às vezes eu ouvia vozes masculinas. Certa vez, eu estava nessa área quando Taghi também foi enviado para lá. Meu marido me pareceu surpreso e um pouco nervoso. Não tínhamos muito tempo. Ele disse algumas frases curtas, me aconselhou a fazer exercícios, e então o levaram embora. Eu também era interrogada à noite.

Em uma ocasião já era tão tarde que estava sendo interrogada em minha cela. Chamaram o interrogador, ele saiu, e então outro homem entrou e pediu para virar minha cadeira na direção dele. Ao fazer isso, vi que era o juiz Haddad.

---

7   Irmã de Hoda Saber.
8   Alireza Rajaei é um jornalista iraniano e integra a oposição religiosa ao regime atual.

Ele sentou diante de mim e falou sobre sua preocupação com os prisioneiros e seus esforços para salvar a vida deles. Eu tinha me sentido mal naquela manhã e fora levada ao hospital Baqiyatallah. Ele me perguntou se eu conseguia dormir à noite. "Durmo, mas não muito bem", respondi, "a cela me deixa irritada. Coloco um cobertor sob a cabeça e estendo outro por baixo, mas o cobertor machuca meu rosto e meu corpo".

Ele falou por um tempo e saiu, e o interrogador anterior voltou à cela para continuar de onde havia parado. Estava quente, e eu respirava com dificuldade, portanto não podia me exercitar. Não tinha apetite. Eu até aceitava a comida, mas a devolvia intocada. Pedia várias vezes ao carcereiro que abrisse uma fresta da porta. Eu estava farta de vê-la sempre fechada. Mais tarde, conversando com um psiquiatra, percebi que sofria de claustrofobia.

Ficar na cela era difícil e, às vezes, insuportável. Eu desejava ter um ataque cardíaco só para sair dali. Não sabia de fato o que queriam de mim, pois não me perguntavam sobre minhas atividades, além de não existir nenhuma investigação em andamento. Eles me ameaçavam o tempo todo. Diziam que Taghi seria executado ou ficaria preso por um longo tempo. "Taghi não voltará", anunciou certa vez o interrogador. "Cuide de você." Lembro como foi ruim ouvir isso. Comecei a chorar. As lágrimas escorreram, e me esforcei para não chorar naquele momento. Eu estava de frente para a parede, e o interrogador bem atrás de mim naquela cela tão pequena. Lembro que ele pressionou a ponta da caneta contra meu ombro várias vezes enquanto eu falava e me surpreendi com aquilo.

Toquei meus pés descalços nos chinelos, que tinham o dobro do tamanho que eu uso. Estavam congelados. O interrogador percebeu que eu não me sentia bem. Era noite, e eu não havia jantado. Ele me deu um copo de xarope de hortelã, e eu estava tão mal que bebi.

Quando os interrogadores achavam necessário, eu era levada para tomar ar fresco, mas não havia uma rotina ali.

A comida era servida em uma tigela de inox ou alumínio. Davam-me água em um copo de plástico velho. Eram oferecidas três refeições: café da manhã, almoço e jantar. A comida era ruim, e eu não conseguia me alimentar bem. Sentada na cela, sentia que o mundo havia parado. Estava ansiosa e assustada. Não posso dizer que estava triste ou deprimida, mas não me sentia um ser humano normal.

Segunda experiência, junho de 2010

Ali e Kiana tinham três anos e meio. Kiana havia sido operada recentemente. Fomos ao hospital para examinar suas cicatrizes em ambos os lados do abdômen e voltamos para casa por volta das dez da noite. Eu estava correndo para arrumar as crianças e colocá-las para dormir quando a campainha tocou. Os policiais estavam parados no jardim. Alguns se aproximaram e começaram a revistar a casa. Estava na hora de meus filhos irem para a cama, mas choravam. Ali costumava pegar no sono nos meus pés. Acomodei-o assim, e ele adormeceu. Abracei Kiana. Ela estava com febre e não conseguia dormir, não importava o que eu fizesse. Estava inquieta. Com os braços em volta do meu pescoço, ela olhava para os homens que vasculhavam a casa.

Era hora de ir embora. Separar-me de Kiana foi um dos acontecimentos mais difíceis e dolorosos da minha vida. Kiana chorava nos braços de Taghi: "Mamãe, não vá". Os policiais estavam nos degraus, ordenando que eu me apressasse e saísse. Eu tinha descido até a metade da escada quando Kiana me disse com uma voz fina e doente, chorando: "Mamãe, venha me dar um beijo". Olhei para o policial. "Vá!", disse ele. Subi correndo e a beijei com força. Ela ardia de febre, e eu de dor por estar me separando dela. Desci as escadas, sentindo-me inerte e sem forças. Rezei para não começar a tremer. A porta de casa se fechou, e antes de entrar no carro percebi que meu coração havia ficado lá dentro.

Era meia-noite. A cidade estava tranquila. O carro da frente e aquele onde eu estava aceleraram até Evin. O pesado portão de ferro da prisão se abriu, e fui entregue diretamente ao Ministério da Inteligência. Vendaram-me no mesmo instante. Uma cortina pesada e suja estava pendurada na frente da porta; eles a puxaram para o lado, e entrei. A agente penitenciária me admitiu e me levou para uma cela. Ordenou que eu me despisse. "Como assim?", perguntei. "Até a roupa de baixo?" Ela confirmou. Discuti, mas era uma mulher relativamente violenta e, é claro, familiarizada com o processo; infelizmente conseguiu o que queria, sem prestar atenção ao meu desconforto.

Desde o momento em que entrei na prisão, fiquei chocada com esse ato vergonhoso e com a arrogância e a audácia dessas mulheres. Não conseguia acreditar que não tinham vergonha de fazer essas coisas. Agiam como se realizassem algo brilhante. Entregaram-me um uniforme de TNT carmesim que lembrava um casaco e uma calça e me pediram para vesti-lo. Falei que queria roupas mais confortáveis, e elas responderam que essa era a minha roupa. Deram-me um lenço preto com flores brancas e me mandaram cobrir o cabelo; também me entregaram uma venda para cobrir os olhos e um xador, e depois me levaram direto para a sala de interrogatório. Havia dois homens na sala; um sentado a uma mesa na minha frente e outro atrás de mim. Começaram a fazer perguntas irrelevantes e intermináveis que me recusei a responder porque ainda não havia recebido nenhuma acusação.

O interrogador atrás de mim começou a me acusar de conduta imoral. Falava de coisas irrelevantes, como a insegurança da sociedade, até mesmo em lugares públicos, como parques, e a existência de prostitutas; então chegou aos membros do Centro de Defensores dos Direitos Humanos e às minhas ações. Quando passou a falar de mim, fiquei com tanta raiva que perdi o controle. Levantei, virei-me e o encarei. "Vocês não se sentem envergonhados?", protestei. De prender uma mulher em sua casa, de separá-la de seus filhos pequenos, na presença do marido, no meio da noite, de interrogá-la e difamá-la?

Levantei a voz. Ele também começou a gritar e a fazer ameaças. Disse que eu seria condenada a pelo menos um ano de prisão pelo que fiz. Peguei uma folha A4 na mesa e comecei a escrever uma queixa. Ele saiu e voltou alguns minutos depois com um formulário de reclamação contra mim por ter me levantado, virado e visto o rosto do interrogador. O outro começou a mencionar acusações de espionagem contra mim por afiliação a agências de inteligência estadunidenses e britânicas. Protestei contra o fato de que, antes mesmo de ser processada formalmente, estarem me acusando de todo tipo de coisa e até mesmo fazendo perguntas por escrito. "Não preciso saber minha acusação primeiro, para entender se tenho de responder a essas perguntas?", questionei. A discussão durou horas, e por fim fui mandada para a cela.

Ela era maior que a de Ishratabad. O teto e as paredes de concreto eram pintados de cor de creme. Era um espaço sem vida. Havia um carpete muito velho e três cobertores militares. Montei uma "cama": um cobertor embaixo do meu corpo, outro sob a cabeça e um sobre mim, e dormi. Pela manhã, recebi um copo de plástico com chá, um pedaço de queijo e um pouco de pão. Em seguida, eles me levaram para interrogatório. Eu protestava sem parar, dizendo que o que faziam era ilegal, pois ainda não havia sido informada das minhas acusações.

Enfim fui levada até o sr. Kianmanesh[9] no Tribunal Ardabili. Expliquei que mais ou menos um mês antes, sob a mesma acusação de propaganda contra o regime, eu fora libertada sob fiança na seção 4 do Tribunal Revolucionário por ordem do sr. Jamali. O sr. Kianmanesh me disse para escrever a mesma coisa para o promotor. Escrevi e pedi que essa detenção ilegal fosse investigada, pois estava presa novamente sob uma acusação pela qual eu já havia sido julgada, e ele

---

9   Na época, delegado e conselheiro do então diretor da Organização das Prisões.

prometeu investigar. Fui mandada de volta para a cela — ou seja, apesar do fato de o interrogador saber do incidente, fui detida, e os interrogatórios continuaram.

Minha experiência no confinamento solitário em 2010 foi significativamente diferente da que tive em 2001 porque, dessa vez, eu era mãe. Meus filhos eram muito pequenos. Eu os alimentava, colocava-os para dormir, acalmava-os, dava-lhes banho, contava histórias e brincava com eles. Então, de repente, tudo aquilo foi tirado de mim. Era como se eu não fosse mais eu. Poderia ter imaginado e suportado terem levado Ali e Kiana de meus braços antes disso? Era como se tivesse perdido tudo... inclusive as mãos, os pés.

As condições dos interrogatórios eram difíceis porque a única maneira de sair era a confissão, o arrependimento e a cooperação. Chamaram-me mais uma vez e me levaram ao tribunal. Dessa vez não fui levada ao sr. Kianmanesh, que não havia emitido um mandado de prisão contra mim, mas ao sr. Mohebbi, que utilizou como desculpa para me manter presa um truque jurídico e uma nova acusação de conspiração para perturbar a segurança nacional. Ele havia inventado isso dias depois da minha detenção. Perguntei-lhe com que base estavam me acusando.

"Por que essas acusações não foram divulgadas no primeiro dia?", questionei. "Por que não foi o sr. Kianmanesh que as fez?" Ele respondeu que não sabia nada sobre o sr. Kianmanesh, e foi dessa maneira que ele agiu. Fui mandada de volta para a cela. Lá não tinha luz suficiente. Havia uma lâmpada fraca acesa que nunca se apagava. A janela era bem alta e ficava logo abaixo do teto, mas atrás dela havia uma grade grossa de ferro. Isso me impedia de ver o céu e deixava passar apenas um pouco de claridade. As janelas ficavam fechadas, e não entrava o mínimo de ar fresco. Eu estava no segundo corredor. O número da minha cela era 24. O silêncio era assustador. A ausência de luz, de ar, de cheiro e de som isola o prisioneiro das condições naturais da vida.

Sempre achei que as condições de uma cela não diferiram daquelas de estar dentro de uma lata.

A porta da cela era trancada pelo lado de fora. Assim como a portinhola de ferro e a janela, que nunca era aberta. Tudo estava trancado. O ar permanecia para fora da fechadura; a luz e o som também, e o prisioneiro não tinha poder para arrombar todas as trancas. Eu temia o ambiente fechado, e, quaisquer que fossem os argumentos que apresentasse a mim mesma, racionalizando que a porta e a janela trancadas não representavam nenhum perigo e que eu não precisava ter medo, não me acalmavam. A ansiedade havia me dominado.

Os interrogadores e a equipe que trabalhavam na ala ou vinham encontrar os réus tocavam uma campainha para buscá-los e levá-los para serem interrogados. A campainha soava como aquelas antigas de residências. Vocês não imaginam como o som rasgava meu coração. Os passos da carcereira começavam: toque, toque, toque, e, se ela parasse em frente à porta da minha cela, eu ficava aterrorizada porque sabia que seria interrogada. Se passasse direto, eu me preocupava com o porquê de ter sido deixada na cela e com quanto tempo ainda ficaria. Depois que fui libertada, ouvia esse som repetidamente durante o sono e ao acordar, e a ansiedade corria por minhas veias e me dava calafrios.

A cada dois dias, havia uma hora de ar fresco. Eu tinha permissão para andar no pátio por dois minutos com casaco, cachecol e chinelos. O local era sem vida, cercado por muros altos e um teto com barras de ferro, sem plantas ou árvores. O banho era em dias alternados. As idas ao vaso sanitário eram limitadas a determinados horários. Se você sinalizasse para ir ao banheiro mais do que deveria, os guardas reagiam com agressividade. E sempre evitavam falar com as prisioneiras, até mesmo cumprimentá-las. Supunha-se que era natural que um prisioneiro tivesse de ser privado de toda interação humana e mantido na cela.

Lembro-me de uma noite em que, enquanto dormia, senti os lábios de Kiana em minha bochecha com o calor que sempre experimentava, e essa sensação era bastante palpável e real. Kiana se inclinava em minha direção. Era tão real que eu jamais diria se tratar de um sonho. Kiana estava ao meu lado. Quando abri os braços para abraçá-la, caí no vazio. Meus olhos estavam abertos, minhas mãos se estendiam para ela, e eu estava de volta à cela. Minha filha não estava lá, e chorei tão amargamente naquela noite que jamais me esquecerei dessas lágrimas.

Um dia me deram uma laranja. Comia apenas algumas fatias por dia para que não acabasse logo. Guardei a casca e a esculpi no formato da Terra. Kiana significa essência e alma da natureza, e aquela laranja era a essência da vida para mim. Caminhava ao redor dela e rezava por Kiana, que ainda se recuperava da cirurgia. Durante os interrogatórios, eu dizia com frequência que sentia falta dos meus filhos, mas isso não causava nenhum efeito sobre os interrogadores.

Em uma ocasião, fui levada de elevador a uns dois andares abaixo da ala. O interrogador disse: "O mestre chegou". Entrei em uma sala com câmera de vídeo, suportes e projetores. Fiquei surpresa. Na sala, havia um homem de meia-idade, alto, de terno, o qual eu jamais imaginaria ser um interrogador se o tivesse visto fora do presídio. É claro que ele era mesmo o mestre do interrogatório. Sua expressão era fria e impassível. Quando lhe contei que era mãe e meus filhos eram pequenos, ele disse: "As mães de Gaza não são mães?". Essa declaração revelou o tipo de pessoa que ele era, e percebi que nenhuma questão poderia ser discutida com ele. O homem falava incessantemente e considerava pessoas como Bazargan[10] e Sahabi[11] e todos os movimentos intelectuais como ecléticos e não muçulmanos. Quando saí da sala, senti que minha energia havia se esgotado e mal conseguia andar. Lembrei-me de uma frase que

---

10 Mehdi Bazargan foi o primeiro-ministro do Irã depois da Revolução de 1979. Renunciou ao cargo no mesmo ano em protesto ao cerco da Embaixada dos Estados Unidos em Teerã.

11 Ezzatollah Sahabi foi um político e jornalista iraniano, líder do movimento nacional-religioso do Irã, um grupo de oposição.

ouvira: alguns interrogadores haviam sido treinados para drenar a energia dos prisioneiros e exercer pressão psicológica sobre eles.

Eles não investigavam minhas atividades no Centro de Defensores de Direitos Humanos, no Conselho Nacional da Paz, no Comitê de Proteção ao Voto ou na campanha contra a execução de menores de idade, embora essas atividades fossem os motivos da acusação de "agir contra a segurança nacional". Não faziam nenhuma pergunta sobre minhas entrevistas, tendo em vista que fui acusada de "propaganda contra o regime". Desde a primeira noite, apresentaram uma hipótese infundada que mantiveram até o dia em que fui libertada: alegando, sem nenhuma prova documental, que o Centro de Defensores dos Direitos Humanos fora criado pelos serviços de inteligência ocidentais por meio da sra. Ebadi e que éramos agentes desses serviços. Propunham coisas estranhas. Não faziam pesquisas preliminares. Um dia, durante os interrogatórios, insistiram que eu deveria anunciar a dissolução do Centro em uma declaração por escrito, o que me recusei a fazer. Em seguida, propuseram que eu renunciasse ao cargo de vice-presidente do CDDH. Haviam até mesmo planejado isso. "Traremos Soltani, Seifzadeh e Dadkhah", disse o interrogador.[12] "Basta dizer na presença deles que você não será mais vice-presidente do Centro." Recusei novamente.

Em outra vez me disseram para anunciar publicamente que interromperíamos nossa cooperação com a sra. Ebadi. No início do ano, durante os interrogatórios em Suhrawardi, os interrogadores insistiram que eu parasse de trabalhar com ela. Prometeram que, como recompensa por essa cooperação, o Ministério da Inteligência forneceria muitas regalias, inclusive um escritório e permissão para viajar ao exterior, realizar e participar de seminários e reuniões sobre direitos humanos com convidados de outros países. Recusei.

---

12 Abdolfattah Soltani, Mohammad Seifzadeh e Seyed Mohammad Ali Dadkhah são co-fundadores do Centro de Defensores dos Direitos Humanos.

Finalmente, em suas últimas tentativas, tentaram me obrigar a escrever uma carta de arrependimento e remorso. Certa noite, o interrogador me chamou à sala de interrogatório. "Prepare-se para amanhã", disse. "Diante da câmera você deve expressar remorso por suas atividades e anunciar a renúncia aos membros do Centro." Eu disse que não faria aquilo. Quando voltei para a cela, meu corpo inteiro estava encharcado de suor. Eu tentava manter a calma nesses conflitos e confrontos, porém, por mais que tentasse, era difícil suportar o que estavam tentando me impor. Senti que a moralidade havia sido esquecida e que a humanidade havia desmoronado na soleira da prisão. Os interrogadores não querem saber sobre seu verdadeiro eu; querem construir uma nova pessoa moldada à imagem deles. Eu tinha certeza de que o interrogador não me considerava uma espiã nem uma traidora, mas o fato de ter me pedido para escrever uma carta de arrependimento, confirmando a afiliação do Centro às instituições de segurança ocidentais, me angustiou.

Um dos meus interrogadores certa vez tentou me repreender pela maneira como eu cuidava da minha casa. "Você não tem vergonha?", disse ele. "Você é uma supervisora de engenharia. Seu marido é escritor. Eu vi o estado de sua casa na noite em que fomos lá. Estou lhe perguntando: por que você vive em tais condições? Você merece essa casa e esses móveis?" Eu era repreendida e condenada pelos interrogadores por todo e qualquer motivo, e sempre se comportavam dessa maneira quando falavam comigo sobre Ali e Kiana.

Quando um ser humano se encontra nessa situação, é levado à beira da impaciência, da inquietação, da ansiedade e da loucura devido às condições de vida perturbadas e à privação das necessidades humanas básicas. Imagine como seria destrutivo ser repreendida e menosprezada porque seus filhos estão sem a mãe? — esse é o preço que fazem você pagar constantemente por seu ativismo.

Sendo mãe, eu sentia falta de Ali e Kiana incessantemente, e, por causa disso, parte dos interrogatórios era dedicada a obter informações sobre eles. Por exemplo, um dia um interrogador me falou: "Tiraram seus filhos de sua casa". Eu me levantei e disse: "Para onde?". "Foram levados de Teerã para Qazvin, para a casa de sua sogra."

Naquele momento, fiquei com o coração partido por Ali e Kiana não estarem dormindo na própria cama e não estarem no quarto ao qual estavam acostumados, tendo deixado para trás seus brinquedos. Lágrimas brotaram em meus olhos. O interrogador me deixou lá, sentada em uma cadeira. Eu me sentia muito mal. Vi que estava sozinha na cela e que eles tinham ido embora. Levantei-me para orar mesmo sem ter um tapete e com uma dor de cabeça insuportável, e Deus testemunhou esses meus momentos difíceis.

Era o oitavo dia de detenção. Voltei para a cela depois de um longo interrogatório. Minhas mãos estavam dormentes. Minhas pernas também ficaram um pouco dormentes e imóveis. Achei que seria melhor informar o guarda antes que eu piorasse. O carcereiro veio, e expliquei que não me sentia bem. Ele saiu e, ao retornar, disse: "Vista seu xador e vá para o hospital".

Há uma sala na ala 4 com duas camas, um aparelho de eletrocardiograma e alguns suprimentos médicos. Caso um prisioneiro não se sinta bem ou algo lhe aconteça, pode ser levado a esse espaço para se consultar com o médico. Levantei, coloquei o xador e saí. Não tinha andado mais do que alguns passos no corredor quando, não sei dizer como, caí no chão com força. Estava um pouco tonta e pesada, mas não desmaiei. Minhas pernas estavam completamente fracas e dormentes. Eu me sentia paralisada. Minha língua não se movia, eu não conseguia falar. Minha voz se arrastava e era incompreensível. Ouvi um grito vindo da cela em frente à qual eu caí. Alguém deve ter visto minha queda pela fresta da porta, por onde os prisioneiros costumam ficar por horas olhando o corredor. De qualquer forma, três homens vieram, estenderam um cobertor no chão, agarraram minhas mãos e meus pés, me colocaram sobre ele e então me levaram para o centro médico da ala 209. Depois de fazer um eletrocardiograma, aplicaram-me algumas injeções.

Daquela noite em diante, sempre que isso acontecia, eu tomava injeções, e minha condição piorava a cada dia. O médico forneceu alguns comprimidos para que me dessem todas as noites. Os guardas me entregavam os comprimidos com um copo d'água. Uma vez desmaiei quando descia as escadas para o interrogatório e caí de costas no último degrau. O interrogador estava na minha frente e, segundo as regras, não podia me impedir de cair. Fiz o possível para me levantar ou puxar as pernas de debaixo do corpo. Sentia como se não tivesse ossos ou nervos nelas. Era uma situação terrível. Sentia muito medo quando ficava assim. Não temia morte nem doença, mas as coisas inexplicáveis que aconteciam comigo naquelas celas silenciosas e abandonadas. Mais uma vez, vários homens vieram, estenderam o cobertor, me colocaram sobre ele e me levaram pelas escadas até o centro médico.

Lá, o médico disse que deveriam me aplicar uma injeção, mas protestei e recusei. Eu queria levantar, mas não conseguia, e caí da cama ao me movimentar. Agarrei a perna da cama para me erguer. De repente, o médico segurou meu pulso com firmeza e forçou meu corpo contra o piso. Meu pulso bateu no chão e machucou. Comecei a gritar. "Traga uma corrente", disse o médico, "e amarre as mãos e os pés dela nas pernas da cama". Ele disse à enfermeira para injetar o soro. Não consegui resistir à força deles e fiquei imóvel enquanto eles faziam isso. Haviam fechado as portas enquanto eu gritava para que minha voz não fosse ouvida, pois o centro médico ficava de frente para a ala masculina.

Um dia, saí do banheiro e estava caminhando em direção à cela quando, de súbito, fui ao chão. O mesmo médico violento entregou uma seringa ao guarda e disse: "Injete", mas o guarda falou que não podia assumir essa responsabilidade. "Diga à enfermeira para injetar." E ela a aplicou na hora. Como eu poderia confiar no médico, na enfermeira e nas medicações, que só aumentavam? Quando todos eles claramente desconfiavam uns dos outros, como uma prisioneira doente e indefesa poderia ter alguma fé nesses profissionais? Os dois ficaram me rodeando enquanto a enfermeira aplicava a injeção. O médico, apesar de ter jurado salvar a vida dos pacientes, começou a dizer em voz alta: "Senhora Mohammadi, morra, mas morra fora da prisão". "Que se dane sua morte, mas não faça com que o regime pague o preço por ela, como ocorreu com aquela mulher, Zahra Kazemi."[13]

Fiquei olhando para ele sem palavras enquanto continuava caída no chão. Duvidei que ele fosse médico e ainda questiono tudo o que aconteceu comigo naquela cela e naquela ala. O centro médico da prisão de Evin e até mesmo meus interrogadores estavam cientes de meus exames de sangue graças às cartas enviadas por meus médicos, dr. Hassan Gogol (meu ginecologista) e outros, e sabiam que eu tivera embolia pulmonar no momento do parto dos gêmeos. Milagrosamente sobrevivi, e Ali e Kiana nasceram prematuros, não haviam completado oito meses, devido à minha condição. Após o parto, uma radiografia nuclear mostrou que meus pulmões estavam comprometidos, e fui tratada com heparina e comprimidos de varfarina por dois anos. Meu médico havia escrito que eu não deveria ficar confinada em ambientes fechados e com pouca ventilação nem ser sedentária, mas não foi dada a devida atenção a isso. Na cela, senti muita falta de ar e muita dor na região do peito.

A falta de ar me fazia encostar o nariz e a boca na fenda da porta para obter um pouco de oxigênio. Era impossível respirar na cela. Certa vez, eu estava dormindo no chão, pois não conseguia respirar direito, quando o guarda chegou e me ajudou a ir para o pequeno pátio atrás do banheiro, que tinha teto de vidro. Pedi várias vezes para ser encaminhada ao meu médico, mas isso nunca aconteceu. Diziam que ali havia um médico. Havia mesmo, mas seu comportamento não era muito

---

13 Zahra "Ziba" Kazemi-Ahmadabadi, fotógrafa iraniana-canadense, foi presa e morta brutalmente por interrogadores iranianos em 2003.

diferente do dos interrogadores violentos. Um dia após minha libertação, fui hospitalizada em razão da gravidade da minha doença. Com os resultados dos primeiros exames, os médicos decidiram injetar heparina e prescreveram varfarina, exatamente como fizeram após minha gravidez. Usei varfarina por algum tempo. Bem depois de sair da prisão, tive problemas para falar. Minha voz falhava contra a minha vontade, e eu voltava a falar depois de uma pausa. Minha família estava bastante preocupada. Também, ao falar, eu tossia tanto que precisava parar.

Enquanto estive na ala 2, Sarah Shourd e dois jovens estadunidenses presos havia algum tempo também estavam ali. Às vezes eu escutava a voz dela.[14] Também a ouvia chorar. Certa vez, ouvi os dois jovens chamarem por ela à medida que eram levados até o pátio para tomar ar fresco. Sarah respondeu. O noivo de Sarah havia parado na porta, então o agente penitenciário gritou: "Vamos, não pare, deixe a porta aberta". Ele disse a Sarah em voz alta que a amava. Fiquei triste quando a ouvi responder; senti pena dela e chorei.

Eu vasculhava a cela por longas horas, debaixo do carpete, em cima do carpete, nas paredes, nos cantos. O que eu podia fazer? Quando olhava para as paredes, encontrava alguns escritos: um bilhete de Shiva Nazar Ahari[15] parabenizando a si mesma pelo aniversário e um artigo de Badralsadat Mofidi[16] assinado com seu nome. Mais tarde, Badralsadat disse que havia gravado seu nome com um cortador de unhas.

Os dias passaram, e eu não tinha ouvido uma palavra sequer sobre Ali e Kiana. O fato de não os encontrar me incomodava tanto que às vezes eu pensava em morrer. Como eu precisava estar e respirar em um ambiente saudável e

---

14 A jornalista e escritora estadunidense Sarah Shourd, seu companheiro Shane Bauer e o amigo deles, Joshua Fattal, foram detidos na fronteira iraniana enquanto estavam de férias no Curdistão iraquiano. Shourd passou mais de um ano em confinamento solitário.

15 Shiva Nazar Ahari é ativista de direitos humanos e fundadora do Comitê de Repórteres de Direitos Humanos.

16 Badralsadat Mofidi é secretária da União Iraniana de Jornalistas.

seguro, e como eu precisava de coisas mundanas, como ver o sol, olhar para o céu, ver um gato de rua, uma folha caindo de uma árvore, sentir um aroma agradável, um som, mesmo que perturbador e desagradável, conversar com um amigo e qualquer coisa que fosse um sinal de estar viva. É impossível imaginar como não ver o sol, não sentir a brisa na pele e ter ao seu redor apenas silêncio ininterrupto abalam a vontade de lutar e continuar vivendo. Um lutador idealista jamais seria capaz de supor que ser privado das coisas que valoriza pode causar dúvida ou indiferença em alguém apaixonado e produtivo.

As condições da cela e os interrogatórios são mecanismos projetados para subjugar tudo o que é essencial para sua identidade e, com isso, exercer pressão psicológica. Deixa uma rachadura em uma parte da mente humana. Durante esse período, fiquei em uma cela com uma garota curda chamada Zeynab Jalalian[17] por vários dias. Um dia, vi uma cicatriz em sua cabeça e perguntei o que havia acontecido com ela. Zeynab disse que ficara presa no Curdistão por — se não me engano — seis meses. Lá, uma vez o interrogador bateu na cabeça dela com um cano de ferro fundido, deixando um corte profundo. Eles a levaram ao hospital e em seguida a prenderam novamente. Ela me disse que sua cela era completamente escura, sem janela nem iluminação. Certa vez, enquanto escovava os dentes e se preparava para dormir, o guarda a chamou e a levou para o pátio. Zeynab contou que o sol estava brilhando, mas ela achava que era meia-noite.

Dois ou três dias tendo a companhia de Zeynab foram uma bênção para mim. Ela fora levada do Curdistão para a ala 209, e exigiram repetidamente que desse entrevistas e dissesse que havia participado de operações armadas. Ela se recusou a ser entrevistada e a mentir. Enquanto esteve na ala

---

17 A curda iraniana Zeynab Jalalian foi originalmente sentenciada à morte por um Tribunal Revolucionário Islâmico em 2008 por ser considerada membro do grupo curdo militante PJAK, o que ela nega. Sua sentença foi reduzida à prisão perpétua em 2011.

209, contou histórias interessantes sobre alguns prisioneiros, o que me deu uma noção melhor das celas no Irã. Falou sobre uma mulher forte que se recusou a escrever uma carta contra um dos líderes do Movimento Verde,[*] apesar da enorme pressão, o que a deixou doente.

Ao observar Zeynab e sua vontade e seu espírito resistentes, vi outros aspectos de seu caráter: a força e a insistência nas crenças humanistas. Durante três períodos de confinamento solitário, vi grandes homens e mulheres que permaneceram firmes em sua fé e determinação, apesar de sofrerem pressões esmagadoras, e insistiram em suas crenças mesmo com grande custo para sua saúde mental e física.

Depois de sair da prisão sob fiança, fui imediatamente hospitalizada e tratada. Após a alta, os agentes de segurança apagaram meus registros médicos do hospital. Perguntei o motivo disso nos interrogatórios a que mais tarde fui submetida, e o interrogador respondeu: "Temos médicos no Ministério da Inteligência mais experientes que os seus". Isso teve um significado especial para mim. Meu interrogador principal estava familiarizado com meu humor, meus interesses e as coisas que me incomodavam. Ele sabia tudo, inclusive meu hábito de sempre mastigar alguma coisa e, segundo suas próprias palavras, a maneira como eu escrevia, meu relacionamento com meus amigos da Companhia de Inspeção de Engenharia Iraniana e até mesmo meu relacionamento com meu marido. Por que estava tão familiarizado com minha essência e por que tinha um conhecimento tão profundo sobre mim? Bem, ele pretendia manipular as doenças, os medicamentos, os tratamentos e as fraquezas do meu corpo, da minha alma e da minha mente porque, conforme disse, eles ainda não tinham acabado comigo.

---

[*] O Movimento Verde iraniano foi constituído por protestos que contestavam o resultado da eleição presidencial de 2019, cujo vencedor foi Mahmoud Ahmadinejad. A cor verde, durante o período de pré-eleição, era associada ao candidato de oposição Hossein Mousavi; após a eleição e com o início dos protestos contra o resultado, considerado fraudado, tornou-se a cor usada pelos manifestantes. [N.E.]

Terceira experiência, maio de 2012

Fazia dois meses que Taghi havia deixado o Irã, e as ameaças do Ministério da Inteligência me forçaram a deixar minha casa em Teerã e ir para Zanjan, para a casa dos meus pais, com Ali e Kiana, que tinham quase cinco anos e meio. Certa manhã, alguns homens à paisana foram à casa de meus pais e me levaram sem um mandado de prisão. Exatamente meia hora antes, meu interrogador havia me ligado de Teerã e dito para eu ir ao escritório do Ministério da Inteligência em Zanjan, no endereço que me dera. Eu me recusei a fazer isso. Foi então que vieram me prender.

Primeiro, fui levada a um prédio sem nenhuma identificação na entrada. Entramos, e fui mantida lá por cerca de quatro horas, até que dois homens e uma mulher me colocaram em um carro e partimos para Teerã. No momento em que era levada da casa de meus pais, pedi que me dissessem a verdade, se estavam mesmo me prendendo. "Não, de jeito nenhum", disse a mulher. "Juro que eles só têm algumas perguntas para fazer." Ali e Kiana se comportaram de maneira estranha, entendendo a atmosfera aterrorizante. Ali correu para pegar seu rifle amarelo de brinquedo e depois agarrou meu casaco. Kiana, que usava uma saia linda, agarrou-se a mim e disse: "Mamãe, não nos deixe sozinhos, nós vamos com você". Separar-me das crianças foi muito mais difícil que da vez anterior. Senti como se meu coração tivesse se despedaçado.

Quando o carro entrou em Evin e fui entregue à ala 209, a agente que havia prometido que seriam feitas apenas algumas perguntas estava comigo. "Você também tem filhos", eu disse a ela. No carro, a caminho de Teerã, eu a ouvi falar com o filho e prometer que voltaria para casa à noite. "Você viu meus filhos? Por que mentiu para mim? Se tivesse dito a verdade, eu não poderia ter feito nada, mas pelo menos poderia tê-los abraçado e beijado e não teria prometido que voltaria logo."

Minha terceira experiência começou em uma cela. Bem, fui deixada ali sozinha basicamente sem interrogatório. No dia seguinte, fui levada para a ala feminina, onde fiquei apenas uma noite, e depois voltei para as celas da ala 209. Alguns meses antes da minha prisão, quando eu ainda estava em Teerã e Taghi não havia deixado o país, o Ministério da Inteligência na rua Suhrawardi pediu que eu deixasse o Irã ilegalmente, e eu recusei. Depois que Taghi viajou, a pressão do Ministério da Inteligência para que eu saísse do país aumentou. Eu não queria sair. Uma vez eu disse que tinha dois filhos pequenos. As montanhas do Curdistão não eram seguras para eles, e não poderíamos ir. "Quem falou isso?", meu interrogador perguntou. "Você pode ir de carro, e a paisagem é muito bonita." Eu sabia por que estava sendo punida.

Em uma ocasião, tive um interrogador que era um homem de meia-idade. Contou que havia servido no exterior antes dos acontecimentos de 2009. Por alguma razão, havia retornado ao Irã naquele ano e, ameaçando-me, falou que não me deixaria ficar presa na ala geral de Evin. "Fique tranquila", disse, "você será transferida para uma prisão comum em uma cidade pequena, onde poderá entender o que significa defender os direitos humanos e as mulheres". Eu havia sido condenada a seis anos de prisão, e a sentença não mencionava o exílio em outra cidade, portanto não levei a ameaça a sério. O espaço confinado da minha cela exercia a mesma função das minhas duas estadias anteriores. Fechar a porta de ferro atrás de mim fazia o mundo escurecer. Embora essa fosse minha terceira vez na prisão e eu estivesse familiarizada com o ambiente da ala 209, minha reação foi a mesma da primeira.

Evitei pensar em Ali e Kiana. A ausência deles era insuportável. Quando seus nomes vinham à minha mente, eu me levantava e corria sem sair do lugar. Parecia que, se ficasse parada, eu me desmancharia em tristeza. Tinha certeza de que as crianças estavam passando por momentos difíceis. Orei a Deus para que se esquecessem de mim. Pedi que a palavra "mãe" não fosse pronunciada pelos dois. Eu, que ficava com Ali e Kiana vinte e quatro horas por dia, acabei em uma situação em que, só de pensar neles, mesmo que somente em seus nomes, me apavorava a ponto de tentar fugir.

A primeira vez que me culpei foi nas celas de Ishratabad. Achei que minha fé e minhas convicções não eram fortes o suficiente. Se o fossem, o que ocorrera não teria acontecido. Às vezes achava que o problema era o fato de eu ser uma pessoa aberta, sociável e feliz. Eu me culpava; se tivesse ficado um pouco mais sozinha comigo mesmo em casa, se tivesse praticado a solidão, poderia ter me saído melhor agora na cela, e tudo teria sido mais fácil. Minha alegria ao me exercitar, buscar meus interesses e me divertir dificultou suportar as condições da prisão, mas eu estava confiante em minhas crenças e ideias, em minhas convicções políticas e ideológicas. Não me arrependia de minhas ações.

Pouco depois de minha segunda libertação, procurei um psicólogo que publicara recentemente um artigo sobre confinamento solitário e tortura branca na revista *Aftab*. Ele me explicou que a fé e as crenças devem ser separadas da força e da saúde física. E me contou como indivíduos diferentes agiam de maneiras completamente diversas quando se tratava de tortura branca, e talvez essas explicações pudessem me ajudar a parar de me culpar. Mas a realidade da minha reação negativa à cela vinha do meu caráter e não podia ser explicada apenas pela ciência.

Meu corpo não conseguia suportar. Por algumas horas durante o dia, a pressão sobre meu coração era tão grande que parecia que um objeto pesado e escuro o havia esmagado. Eu tinha palpitações que às vezes eram tão fortes que não conseguia me mover, sentar ou ficar parada. Meus problemas respiratórios aumentaram, e usava um inalador várias vezes ao dia — ainda que não ajudasse. A temperatura subia a cada dia, e não havia ar-condicionado. Certa noite, antes de me darem a medicação, eu estava me preparando para dormir quando todo o meu corpo ficou dormente e eu não conseguia ficar em pé. Não sentia dor, mas estava extremamente assustada, e meu medo era pior do que qualquer dor que precisasse suportar. A agente penitenciária trouxe minha medicação, mas, quando me viu naquele estado, chamou três homens, que vieram com um cobertor e me levaram para o centro médico da ala.

Um médico me examinou. Não lembro quantas injeções tomei. Havia um enfermeiro que insistia para que eu me levantasse e andasse um pouco. Suas palavras me irritavam. Falava como se ignorasse completamente os cuidados que devem ser prestados a um paciente. Não parava de falar, e isso me enervou ainda mais. Sentei-me na beirada da cama para levantar, mas não consegui. Ele insistiu que eu poderia, porém eu não tinha vontade. O comportamento desse suposto enfermeiro foi desumano. Tentava conscientemente me provocar em um momento em que eu precisava de conforto e provavelmente de um sedativo. Há diferença entre a maneira de falar de médicos e enfermeiros que atuam em um hospital normal e a daqueles que trabalham em prisões (especialmente os sádicos). Suas ações se tornam parte da identidade do presídio e são muito destrutivas.

Certa vez, uma agente penitenciária me interrogou. Falou muito sobre Ali e Kiana, e eu sempre me abalava ao pensar neles. Quando estava prestes a sair da sala, ouvi a voz da agente: "Venha cá". Eu me virei, como se tivesse visto um conhecido, e perguntei se tinha filhos. Ainda não consigo acreditar no quanto sua resposta gelada me comoveu: "Não é da sua conta se tenho filhos ou não". Percebi que a cela e a ala de segurança não eram apenas um local físico-geográfico. Havia certas características psíquicas, mentais e humanas concretas que moldavam tais ambientes e lhes davam seu significado: as vozes rudes e desanimadas dos agentes penitenciários; as baratas mortas no chão empoeirado; as cortinas sujas e escuras; as vendas nos olhos dos acusados; os chinelos grandes e as roupas inadequadas e de baixa qualidade; as grades de metal nas janelas; ficar sentada por longos períodos contra a parede nas salas de interrogatório; o confronto com as pessoas; os gritos e as vozes raivosas; a indiferença dos médicos em relação à condição dos pacientes; os sons secos e pesados das portas das celas se fechando; ter os olhos vendados mesmo dentro da ala e dos corredores no caminho da cela para o banheiro; e assim por diante.

Em outra ocasião, acordei, comi um pouco de pão, bebi o chá servido no café da manhã e levantei para dar alguns passos dentro da cela. Andei em círculo por talvez duas ou três vezes, e então tudo ficou escuro. Quando abri os olhos, vi mulheres e homens me observando, agentes penitenciários, o chefe de segurança da ala, enfermeiras e médicos. Uma coisa que ainda me pergunto é por que não fiquei nem um pouco surpresa com a presença de tantas pessoas ao meu redor. Não fiz uma única pergunta sobre o que estavam fazendo ali ou por que eu estava deitada no chão. Nenhuma reação. Não pensei nem um pouco no desmaio e no despertar. Não tive nem mesmo medo. Levantei, me recompus e sentei. Os médicos mediram minha pulsação e minha pressão arterial. Conversaram entre si e saíram da cela. Na noite anterior a esse incidente, quando a agente penitenciária me entregou a medicação, notei um novo tipo de comprimido e perguntei o que era. Ela respondeu que o médico da prisão dissera que eu deveria tomá-lo para evitar o que havia acontecido algumas noites antes, quando senti dormência e não conseguia ficar em pé. Então tomei o comprimido. Não sei dizer ao certo por que fiquei inconsciente, pois não realizaram em mim nenhum exame de sangue e não me permitiram sair da ala para exames adicionais.

Na ala 209, tínhamos permissão para sair ao ar livre por quinze a vinte minutos a cada dois dias. Também tomávamos banho em dias alternados. E não recebíamos nenhum alimento fora das três refeições. Já fazia quase um mês que eu havia deixado Ali e Kiana. Na ala, não havia uma rotina regular de visitas e telefonemas. Era o interrogador que decidia isso. Eu prestava várias queixas por escrito, perguntava se havia sido condenada a seis anos de prisão e por que estavam me mantendo em confinamento solitário, dizia que precisava ser transferida para a ala pública e que era ilegal o Ministério da Inteligência me manter em confinamento solitário.

Em uma das noites, durante a chamada para a oração, um agente me levou ao escritório do promotor Shahid Moghaddas. O agente e a secretária do sr. Reshteh Ahmadi[18] não entraram. O sr. Ahmadi estava sentado a sua mesa. A sala do tribunal estava vazia e deserta. O chefe do tribunal ouviu minhas reclamações e concordou. Disse que emitiria uma ordem para me transferir para uma ala pública e começou a escrever. O telefone tocou, e ele atendeu. "Ela está aqui comigo", disse, "você está nos causando sérios problemas". E desligou. Em seguida, virou-se para mim e me deu a carta para assinar. Perguntei por que eu, como acusada, deveria assinar a ordem no lugar do chefe do Gabinete do Promotor, e ele respondeu que era porque aquela era uma solicitação minha. Achei que o sr. Ahmadi era uma pessoa competente no Judiciário. Eu estava em um tribunal, e ele não era um agente de segurança anônimo, e eu não estava sendo interrogada em uma cela ou no departamento de segurança de uma prisão. Portanto, confiei nele e assinei a carta. O conteúdo da carta era sobre minha sentença de seis anos de prisão e minha transferência da ala 209 para uma ala pública feminina. "A qual ala feminina o senhor se refere?"

"A uma com mulheres", respondeu, apontando para algum lugar fora da sala.

Voltei para a cela, e, dois dias depois, às seis da manhã, dois agentes do sexo masculino me acordaram e me conduziram até um carro. Estava sentada no banco de trás e precisei abaixar a cabeça para sairmos da prisão. Depois de muitas horas na rodovia, chegamos ao tribunal da cidade de Zanjan, onde me entregaram ao chefe da ala pública feminina. Eu estava chocada e não entendia por que me tratavam daquela

---

18 Seyyed Bahram Reshteh Ahmadi era o procurador adjunto de segurança e chefe do Tribunal de Segurança de Evin.

maneira. Eu me via como refém. Sentia uma insegurança total e não vislumbrava nenhuma garantia quanto ao futuro, estava tonta com a pressão e a incerteza. Entrei na ala de quarentena de Zanjan, um local escuro, sujo e malcheiroso. Fui lavar as mãos, mas não tinha sabonete nem toalha no banheiro, nem sabão, xampu, roupas íntimas ou toalha no chuveiro. Não tinha nada. Havia apenas três cobertores fedorentos na cela, e era possível ver neles vestígios de vômito.

Recebemos arroz e legumes sem gosto no almoço, os quais me recusei a comer. Eu bebia água direto da torneira, e não havia nada mais para comer. Ao lado da minha cela estava uma mulher que fora condenada a cinco anos de prisão por tráfico de drogas. Tinha acabado de voltar de uma licença e precisou ficar alguns dias na cela de quarentena. Ouvi a voz de uma menina e perguntei a ela quantos anos tinha. "Doze", respondeu. "Por que está aqui?", perguntei. Contou que tinha um relacionamento com o filho do vizinho e que seu pai havia denunciado o incidente à polícia, que a levou até lá. A partir daquele dia, a linda garotinha passou a me chamar de tia Narges, e, toda vez que eu a abraçava, meu coração se partia. No início da minha transferência para a ala pública, eu não tinha quarto, então dormia no chão da sala de oração. A menina ficava comigo e, à noite, agarrava minhas mãos com força porque sentia medo, e eu beijava sua cabeça e suas bochechas e conversava com ela o tempo todo.

Na cidade de Zanjan, fiquei sabendo que o motivo de minha transferência para a ala pública dali havia sido a carta assinada por mim no escritório do sr. Reshteh Ahmadi. Eu vi a carta. Descobri que o sr. Ahmadi a havia fraudado e acrescentado uma frase depois que a assinei, após eu ter saído da sala: "Ali e Kiana estão em Zanjan". Em conluio com o Ministério da Inteligência, fingiram que minha transferência fora um pedido meu. O que aconteceu comigo no presídio de Zanjan está impregnado de sofrimento e dor ilimitados e indescritíveis. Como resultado, tenho convulsões permanentes. O Ministério da Inteligência posteriormente ocultou essa informação em todos os meus registros médicos durante minha estada no hospital Valiasr. Às vezes as bolhas das feridas do confinamento solitário estouram, às vezes infeccionam, às vezes queimam, e, às vezes, o medo vaza em minhas veias. Ainda não existe fim para as feridas invisíveis e não curadas.

NIGARA AFSHARZADEH

Nigara Afsharzadeh (1978) é cidadã do Turcomenistão. Foi presa em 2014 em Mashhad, acusada de espionagem e sentenciada a cinco anos de prisão. Nigara passou um ano e meio em confinamento solitário na ala 209 da prisão de Evin e depois foi transferida para a ala feminina. Também ficou presa por algum tempo ao voltar para seu país, mas atualmente está livre e mora com os dois filhos.

Quando e como você foi presa?

Fui presa em 6 de janeiro de 2014 em Mashhad por dois homens e duas mulheres. Estava na rua com meus dois filhos, de seis e oito anos. Eu tinha ido ao Irã para ver minha filha mais velha. Havia me separado do pai dela, mas um dia ele me telefonou e pediu que eu fosse buscá-la, para levá-la comigo para o Turcomenistão. Quando cheguei, percebi que era uma armadilha. Fui presa na rua com meus dois filhos pequenos. Quando nos separaram, não me disseram o que aconteceria com eles. Os interrogadores informaram que as crianças haviam sido levadas para um orfanato.

Para onde você foi levada ao ser presa?

Fui transferida para uma cela. Era escura, e eu tinha apenas um cobertor. Fiquei naquela cela por um dia e uma noite. No dia seguinte, eles vieram até mim. Tentaram colocar um saco na minha cabeça, mas resisti. Não deixei.

Quando entramos no carro, empurraram minha cabeça até os pés, para que não pudesse ver nada. Não me alimentaram enquanto eu estava na cela, só me deram comida quando entrei no avião, mas eu não conseguia comer nada.

Para onde a levaram quando chegou a Teerã?
Eles me vendaram para que eu não soubesse para onde estava indo. Quando abri os olhos, estava em uma cela. Acima da minha cabeça havia duas lâmpadas, e no chão estavam dispostos três cobertores e um tapete fino. A cela ficava no corredor três, ala 209 de Evin, administrada pelo Ministério da Inteligência. Não havia mais ninguém nesse corredor enquanto estive confinada nessa cela. Ninguém passava por ali, não havia vozes, nem mesmo o som de uma porta abrindo ou fechando. As únicas criaturas vivas no corredor eram baratas grandes e aterrorizantes.

O que você fazia na cela?
O tempo não passava ali. Eu estava completamente sozinha. A porta tinha uma portinhola estreita que as oficiais às vezes abriam para olhar lá para dentro. Eu mantinha o rosto atrás da portinhola durante horas para que, se abrissem a porta, pudesse olhar para o corredor. O ambiente era silencioso, não se ouvia nenhum som. Procurava por todo o espaço algo como uma formiga e, sempre que encontrava uma, eu a seguia. Conversava com ela por horas. Chorava, gemia e orava por horas a fio. Achei que tivesse visto alguns dos profetas em meus sonhos. Via coisas estranhas quando dormia. Não conseguia acreditar nelas ao acordar. Eu andava na própria cela o dia todo, todos os dias. Caminhava tanto que minhas pernas ficavam paralisadas. Quando me traziam o almoço, cortava pedacinhos de arroz e os jogava no chão, a fim de atrair formigas ou qualquer outra coisa, para me entreter. Eu queria um ser vivo na cela comigo. Fiquei muito feliz quando uma mosca apareceu. Tive o cuidado de não a deixar sair quando a porta estava aberta. Eu a seguia e conversava com ela.

Com que frequência a deixavam sair para tomar ar fresco? E para ir ao banheiro e tomar banho?

Eu precisava vendar os olhos se houvesse algum motivo para sair da cela. Com os olhos vendados, tinha permissão para ir ao sanitário algumas vezes por dia, e gritavam comigo quando eu tentava espiar pelas laterais da venda, mesmo que fosse apenas para olhar uma parede. Podia tomar banho uma vez por semana. As oficiais atrás da porta ficavam furiosas, gritavam e me mandavam sair. Eu dizia que meu corpo estava fedendo. "Que fique fedendo", diziam, "coopere com os interrogadores para melhorar as coisas".

Podia ir ao pátio da prisão duas vezes por semana durante vinte minutos. O muro era alto demais, e o pátio não tinha flores nem plantas.

E quanto à sua saúde? Você chegou a receber algum tratamento médico?

Eu não comia quase nada. Os oficiais diziam que eu seria hóspede deles por um longo tempo, mas não tinha apetite. Logo perdi peso. Quando fui presa, pesava setenta quilos e, depois de alguns meses, cheguei a cinquenta e três.

Algum tempo depois, um líquido preto passou a sair de meus mamilos, e ainda sofro com essa condição. Tive insônia e ansiedade desde os primeiros dias. Eu me sentia péssima. Levaram-me para uma sala e disseram que ali era o centro de saúde da ala 209; alguém me examinou e receitou alguns medicamentos. Deram-me oito comprimidos e me disseram que eu melhoraria se os tomasse, mas continuava sem dormir à noite. Ficava acordada por horas. Quando chegava o horário da oração matinal, ainda estava acordada. Não conseguia dormir de jeito nenhum.

Estava sempre acordada e frustrada por não ter companhia nem nada para fazer. Às vezes, não percebia a passagem do tempo. Havia um botão na cela que eu devia apertar quando quisesse ir ao sanitário. Várias vezes eu o apertava, e, quando os oficiais abriam a porta, eu percebia que eles estavam com sono. Eu queria conversar e perguntava como preparavam determinado tipo de caldo ou outro alimento, e você não imagina como ficavam irritados. Eles batiam a porta gritando: "São três horas da manhã, por que não dorme e nos deixa dormir?". Mas eu me perguntava por que estavam com sono. Eu não sabia quando era hora de dormir. Apertava o botão sem motivo nenhum, apenas para ver uma criatura viva. Fiquei naquela cela por um ano e meio. Dormia sobre os ásperos cobertores militares. Não tinha um travesseiro e, durante todo esse tempo, dormia com um cobertor enrolado sob a cabeça e puxava outro sobre o corpo. Feridas purulentas surgiram nas minhas costas e nas laterais do meu corpo, e, quanto mais eu reclamava, menos me ouviam. Deram-me uma blusa e uma calça e, toda vez que eu tomava banho, entregavam-me outro conjunto igual para vestir. Os cobertores eram tão ásperos que meus ossos doíam quando deitava de lado, mas eu não tinha escolha.

Como eram os interrogatórios?
No primeiro dia em que me levaram para a sala de interrogatório em Teerã, havia dois interrogadores: um jovem e outro de meia-idade. Eles me disseram que aquele era o fim. "Você não acha que aqui é um túmulo?" E: "Você está morta, e nós somos Munkar e Nakir".[1] Eu não entendia o que estavam dizendo. Pensava: "Bem, qual deles é Munkar e qual é Nakir?". Eles faziam perguntas para as quais eu não sabia as respostas. Encerraram a sessão e me disseram para chamá-los sempre que me lembrasse do que havia feito. Eu não estava em um bom estado mental, pois me preocupava muito com meus filhos. Disseram-me que eles haviam sido deixados no meio da rua e precisaram ser levados para um orfanato. Aflita, eu não sabia o que fazer. Não tocava na comida. Eles ficavam bravos e diziam: "Você está fazendo greve?". "O que é greve?", perguntava.

---

1   Munkar e Nakir são anjos que questionam os mortos sobre sua fé no Islã.

Peguei várias doenças lá e fiquei tão mal que me deram medicação psiquiátrica. Um dia, o interrogador me disse: "Você é acusada de espionagem. Deve confessar as coisas que fez no Irã".

Ficava vendada durante os interrogatórios e só conseguia ouvir vozes masculinas. Quando fingiam estar com raiva, jogavam coisas em mim, como caixas de chá. Certa vez, um deles chutou a parte de trás da minha cadeira com força. "Você é uma mentirosa", disse ele.

Às vezes havia apenas os mesmos dois interrogadores; em outras havia mais. Uma vez, deduzi, pelas vozes, que até cinco pessoas estavam atrás de mim. Em uma ocasião me deram um copo de água. "Derrame-a no chão!", ordenou um deles. Eu derramei. "Agora a pegue com as mãos." Eu tentei. "Água derramada não pode mais ser recolhida", disse ele.

Não entendia o que diziam. Certa vez, um interrogador assoou o nariz em uma toalha de papel e a jogou no chão. Disse que mulheres são como essa toalha de papel, que devem ser usadas e depois jogadas fora. Algumas vezes, o interrogatório demorava muito, se estendia da manhã até a noite, então eles almoçavam e jantavam lá mesmo. Davam-me a mesma comida, mas eu não conseguia comer. O interrogador me ameaçava o tempo todo: "Você ficará na cela até que seu cabelo fique tão branco quanto seus dentes". "Faremos com que seja esfolada. Você será enforcada, e eu mesmo puxarei o banco debaixo de seus pés." Uma vez ele disse: "Sua avó veio ao Irã atrás de você, e nós a prendemos porque ela também é uma espiã". Em outra ocasião, falaram que minha avó estava morta.

Amo minha avó de maneira indescritível. Quando me disseram que ela havia morrido, fui para a cela e chorei muito. Realizei a terceira, a sétima e a quadragésima cerimônias[2] para ela. Um dia, o interrogador disse: "Eldar

---

2   No Irã, as cerimônias em homenagem aos mortos são realizadas no terceiro, no sétimo e no quadragésimo dia depois da morte.

[meu filho de seis anos] está terrivelmente doente e foi levado ao hospital. Ele precisa de um rim. Está morrendo".

Fiquei tão arrasada com a dor do luto que não conseguia suportar. Meu celular, que continha fotos dos meus filhos, estava nas mãos dos interrogadores. Eles imprimiram a foto de Eldar, mas havia algo branco pendurado em seu peito, como um cartão, e algo parecido com uma corda em seu pescoço. Senti-me mal quando me deram a foto. Obrigaram-me a escrever na parte branca no peito do meu filho a palavra "miserável". A partir de então, sempre que me interrogavam, colocavam fotos dos meus filhos na minha frente para que eu os visse o tempo todo. Um dia, disseram que estavam indo para Mashhad. Perguntei por quê. "Sua mãe veio atrás de seus filhos, vamos prendê-la e trazê-la para cá", responderam. Acredite, achei que minha mãe tinha sido trazida para a ala. Eu podia até ouvir a voz dela.

Eles me questionavam sobre coisas das quais eu não tinha a menor ideia. Não sabia o que escrever. Colocavam um pedaço de papel na minha frente e me diziam para escrever os nomes dos meninos com os quais eu conversara desde a infância. Certa vez, um dos interrogadores ficou furioso, sacou a arma e começou a me ameaçar. Eles me insultavam demais durante os interrogatórios.

Forçavam-me a descrever minhas relações sexuais com o sr. Kh. Pediram, não uma ou duas vezes, mas várias, que eu explicasse detalhadamente nossas relações sexuais. Essa parte do interrogatório era especialmente ofensiva. Várias vezes os interrogadores me levaram a um hotel e me filmaram. Eles me faziam usar um lenço na cabeça e um sobretudo e queriam que eu dissesse, sem mencionar minha nacionalidade, que nós, mulheres "de outros países", tentávamos seduzir os oficiais da República Islâmica do Irã para ter relações sexuais com eles. Diziam-me para avisar aos agentes iranianos que mulheres como eu os seduzem e, quando somos correspondidas, começamos a espioná-los. Concedi essa "entrevista" várias vezes.

Portava meu celular quando fui presa, e os interrogadores se apossaram do aparelho. Viram todas as minhas fotos e me fizeram perguntas sobre elas. Até mesmo o juiz as tinha, e afirmei que tais fotos eram totalmente pessoais: fotos do meu marido, dos meus filhos e minhas. Perguntei por que tinham acesso a elas.

Você conseguia entrar em contato com sua família?
Durante seis meses, não tive notícias de ninguém, nem de minha mãe, nem de meus filhos. Eu estava enlouquecendo. O interrogador disse que aquilo era um túmulo, e comecei a acreditar nele. De toda forma, depois de seis meses, eles me deram um telefone, e liguei para minha filha mais velha, que estava no Irã. Disseram que ela poderia me visitar, e ela veio. Perguntei sobre meus filhos mais novos. Ela disse que minha mãe tinha vindo do Turcomenistão e os levado. Depois de oito meses, permitiram que eu ligasse para minha mãe. Eu acreditava que minha avó estava morta. Acreditava que meus filhos haviam sido levados para um orfanato e que meu marido havia me abandonado. Então percebi que era tudo mentira.

Com que frequência eles a interrogavam e por quanto tempo?
Nos primeiros dias, duas ou três vezes por semana. Depois de um tempo, os interrogadores vinham uma vez por semana. Em seguida, os intervalos ficaram mais longos. Eu era deixada na cela. Eu não era espiã. O interrogador contou que eles sabiam que eu não era espiã, mas que precisava cooperar e responder da maneira como eles me orientavam. Disseram que, se eu cooperasse, me dariam dinheiro para trazer meus filhos para o Irã e viver aqui, porque, se eu voltasse ao meu país de origem, seria assediada. "Fique aqui", advertiam. E eu me perguntava por que não continuariam a me punir, já que haviam me prendido sob acusações de espionagem. Por que me dariam dinheiro, moradia e permissão de residência?

Como você descreveria as mudanças em suas condições físicas e mentais durante esse ano e meio?

Eu não conseguia comer. Com o tempo, passei a definhar. Deitar no chão me causava muita dor nas costas e, como eu estava confinada naquela cela apertada e sem mobilidade, meu sistema digestivo não funcionava bem. Eu tinha prisão de ventre, e isso causava dores. Davam-me apenas uma ou duas frutas por semana.

Fiquei na cela durante todo o inverno. Havia um tapete fino no chão, e eu estendia um cobertor militar embaixo de mim. Meu corpo congelava e não se aquecia mais, não importava o que eu fizesse. Bebia água da torneira. Mais tarde, percebi que a água de Evin não era segura para beber. Fiquei fisicamente fraca e me sentia péssima mentalmente. Chorava tanto que sentia dores fortes nos olhos. Sentia uma dor de dente intensa, mas não recebi tratamento. Cerca de oito meses depois, quando fui levada ao hospital, vi meu rosto no espelho do elevador e fiquei triste e chocada ao ver meu reflexo.

O que fazia para passar o tempo?

Um ano e meio de confinamento solitário foi devastador. Sentia tontura quando ouvia a campainha tocar no corredor. Estava cansada de ouvir os demais prisioneiros saírem enquanto eu tinha de ficar na minha cela. Ficava amargurada ao ouvir o choro alto de homens e mulheres no corredor. Certa vez, escutei um menino sendo espancado. Ele implorou para que não batessem mais nele, disse que estava doente. Eu chorava tanto que minha cabeça doía. A solidão me dominou a um ponto que comecei a fazer coisas estranhas. Por exemplo, colocava o pão que me davam para comer na boca e o mastigava até ficar mole. Depois, fazia uma boneca e uma cruz para meu filhinho, mas, assim que ia ao banheiro, entravam na cela e as destruíam.

O que a incomodava acima de tudo?

Era horrível imaginar meus filhos em um orfanato... isso me enlouquecia. Eles eram pequenos, e eu fora obrigada a deixá-los na rua. Minha filha chorava e me dizia para não ir. Eu ainda não os tinha visto. Durante os interrogatórios, insultos e comentários depreciativos me irritavam cada vez mais. Algumas perguntas diziam respeito à minha intimidade. Eu não podia acreditar que perguntassem tais coisas a uma mulher. Certa vez, o interrogador queria que eu falasse sobre um homem com quem eu havia sido casada temporariamente.[3] "Descreva suas relações sexuais", mandou. Não importava o que eu dissesse, ele continuava insistindo. Perguntei-lhe o que fazia com a esposa quando tinham relações sexuais. "Nós fazíamos as mesmas coisas", falei. "Não", ele retrucou, "você deve me mostrar como fazia e descrever tudo". Fiz isso. Então me perguntou se usávamos mel. Acho que eles haviam gravado secretamente nossas ligações telefônicas, porque o homem a quem se referiam era iraniano e às vezes nos falávamos ao telefone. O interrogador sabia do teor de algumas das nossas conversas. Perguntou sobre o mel várias vezes até eu responder: "Sim, usávamos mel". Em seguida, ele disse a seus colegas que mandassem um homem e uma mulher para a cela e lhes dessem mel. Eu não sabia o que fazer em tais casos, exceto voltar para a cela e orar. Certa vez, orei oitenta *rak'ats*[*] de uma vez e desmaiei. Chamei todos os profetas e pedi-lhes que me ajudassem. O silêncio e a solidão eram terríveis, me enlouqueciam. Foi a pior época.

---

3 Nigara usa a palavra *sigheh*, um contrato privado de casamento lícito no xiismo duodecimano no qual a duração do casamento e o dote são determinados de antemão.

* Uma sequência específica de movimentos e súplicas performados uma vez como parte das orações obrigatórias para os muçulmanos, conhecidas como *salah*. A *salah* é feita cinco vezes ao dia. [N.T.]

ATENA DAEMI

Atena Daemi, ativista de direitos civis, foi presa em 30 de outubro de 2014 pela divisão de Inteligência do Campo de Sarollah do CGRI e transferida para a ala 2A do Centro de Detenção do CGRI na prisão de Evin. Dedicada à luta pelos direitos das crianças, foi acusada de "insultar o Líder Supremo", "insultar o sagrado", "conspirar para perturbar a segurança nacional" e "ocultar evidências de um crime". Ficou detida na ala 2A por oitenta e seis dias e então foi transferida para a ala geral feminina. Recebeu duas sentenças: uma de cinco anos na prisão por acusações de conspiração e outra de dois anos por insultar o Líder. Hoje, após ter cumprido suas sentenças, mora com a família em Teerã.

Quais eram as condições da sua cela?

Fui presa e, após seis horas de inquisição, entrei na prisão de Evin, uma situação que eu nunca havia imaginado. Fui conduzida por algumas portas e colocada em uma cela de aproximadamente três por dois metros. Havia uma janela alta com várias camadas de grades que impediam por completo a entrada de luz no ambiente, mas o azul do céu ainda podia ser visto através das frestas. Dentro da cela, havia uma lâmpada amarela e uma branca, ambas no teto. Na hora de dormir, desligavam a branca. As paredes eram revestidas de mármore até a uma altura equivalente à de um ser humano, e o restante era de gesso cor de creme. A porta era de ferro cor de ervilha. Na parte inferior da porta havia uma portinhola. Quando precisasse ir ao banheiro, eu devia passar uma tira de papel para fora por ali. O chão era coberto por um carpete fino, feito à máquina. Eu tinha dois cobertores para dormir e outro para usar como travesseiro. Fiquei nessa cela por trinta dias.

Qual era a diferença entre essa cela e a seguinte?
Depois de trinta dias, fui transferida para uma cela maior, cujo tamanho era o dobro do da anterior. Pelos rastros deixados na parede, era possível imaginar que duas celas haviam sido unidas. Não havia vaso sanitário na cela anterior, mas a nova tinha um separado do restante do ambiente por uma porta. Havia um pouco de açúcar e sal e três lâmpadas. A janela ficava bem no alto, já perto do teto, mas, em vez de abrir para o lado de fora da construção, dava para o corredor, onde não havia iluminação nem barulho. O corredor era completamente escuro. Era o caminho entre a ala 2A e as salas de interrogatório.

Como estava seu estado mental e psicológico?
Fui presa quando estava em um beco. Depois de revistarem a casa do meu pai e a da minha irmã, levaram-me para meu local de trabalho e depois para a cela. O som da porta sendo fechada atrás de mim me deixou arrasada. Soube que havia sido privada do direito de controlar minha própria vida.

Foi esmagador. O silêncio era absoluto. Virei-me e olhei para a porta fechada. Senti-me presa em uma caixa de fósforos. Pensei que a porta não se abriria, exceto por solicitação do interrogador. Após cada interrogatório, dizia a mim mesma: "Talvez eu seja interrogada amanhã, talvez não". Eu me sentia confusa. Era impossível saber o que eu preferia: que abrissem a porta e me interrogassem ou a trancassem para sempre sem me interrogar. Na primeira noite, quando uma das luzes se apagou, inconscientemente dei um pulo e os chamei, perguntando o que estavam fazendo. "Silêncio", disseram. "Durma agora!"

Ao amanhecer, ouvi o chamado matinal para a oração; eu não havia dormido. Não conseguia. O lugar não me era familiar, e eu o achava repugnante. Era a primeira vez na vida que não estava em casa com meus pais. Não sabia o que havia acontecido com eles e o que estavam fazendo. Não sabia o que aconteceria no dia seguinte. Eu queria fumar, mas não me davam cigarro. Não havia nada para me entreter, nem mesmo por um minuto. Estava sempre esperando que algo acontecesse. Estava alheia a tudo e a todos. Tudo era vago e indeciso. A espera era mortal. No confinamento solitário, apenas a mente funciona. Ora pensava sobre as questões levantadas durante o interrogatório, ora pensava nas minhas reações ao comportamento dos interrogadores e me planejava de acordo com elas, mas chegou um momento em que esses pensamentos se tornaram exaustivos. Eu não sabia o que fazer.

Gostava de dormir e não pensar em nada, porque a verdade já era amarga o suficiente. Pensar e remoer as coisas me deixava ainda mais amarga. É por isso que eu lutava entre dormir e ficar acordada. Não confiava em nada e não sabia o que aconteceria.

O que mudava o humor, mesmo que por alguns minutos?
Muitas vezes tentava pensar em coisas que eu tinha como certas antes de ser presa. Era muito curioso o fato de ter perdido todas elas. Tentava dissecar o passado. Tentava lembrar os livros que havia lido ou minhas músicas favoritas. Nos primeiros dias, achei que ninguém estava me ouvindo. Um dia, batidas na parede chamaram minha atenção. Era um som assustador, mas pelo menos tinha quebrado o silêncio. Percebi que havia alguém do outro lado da parede. Dei um pulo e tentei me comunicar com as pessoas ao meu redor em outras celas. Fazia a mesma coisa quando era levada para tomar ar. De todo jeito, eu

fazia minha presença ser notada. Isso incentivava outros prisioneiros a fazer o mesmo. Tudo isso era divertido e envolvente por apenas alguns minutos. Não havia nada na cela que mudasse a atmosfera.

Tudo era uniforme e monótono. Na cela, especialmente à noite, eu ouvia barulhos altos. Não sabia por que os homens gritavam. Sentia que estavam torturando alguém. Era uma sensação ruim. O medo, a preocupação e a tristeza consumiam todo o meu ser, e o espaço da cela tornava-se mais desconhecido e insalubre. Mais tarde, descobri que eram os guardas de Evin nas torres de vigilância que chamavam uns aos outros. Quando deitei a cabeça no chão, ouvi um homem chorando no andar de baixo. Fiquei desconsolada. Tentei mostrar a ele que não estava sozinho, batendo na parede. Ele percebeu, e então não só o choro parou, como ele também bateu em resposta.

O som do chamado à oração naquela ala era diferente de todos os outros que eu já ouvira. Era como a trombeta da morte. Isso me fazia mal. Eu estava na cela durante o Muharram.[*] Todos os dias na ala tocavam bem alto a *noha*,[1] um som de choro e lamentação, o que estranhamente me perturbava.

Como era a comida?
Davam-me pão, queijo e chá no café da manhã. Às vezes ofereciam leite ou um pedaço de fruta às onze horas. Almoçávamos ao meio-dia. Na ala 2A, a hora de ar fresco dos prisioneiros acontecia uma vez pela manhã e outra à noite. Na maioria dos dias, como fazia frio, eles me levavam para fora somente à tarde. Depois disso, me davam chá e, por volta das seis horas, o jantar, que em geral era algo para comer com pão. A hora de dormir era às onze da noite. Eu não tinha apetite, mas era obrigada a comer.

---

[*] Primeiro mês do calendário islâmico. Por ser sagrado, os muçulmanos evitam qualquer tipo de briga ou comportamento mais exaltado. [N.E.]

1 *Noha* é um lamento sobre o martírio de Hussain ibne Ali na tradição xiita.

Você foi acusada imediatamente após ser presa?

No dia em que fui presa e transferida para a prisão, fui levada para interrogatório depois de me trocar e entregar minhas roupas aos guardas. Nem sequer tinha visto minha cela, que ficava dois andares abaixo. Entrei em uma sala muito pequena que só tinha espaço para uma cadeira, diante da qual havia um espelho unidirecional.

Quando a porta foi fechada, nenhum som entrava ou saía. Então começou o interrogatório. Trouxeram minha amiga "S" e a mantiveram ao lado deles. Ouvi e reconheci a voz dela. Queriam me mostrar que meus amigos também haviam sido presos. Na manhã seguinte, bem cedo, eles me levaram ao tribunal e me mantiveram na sala de oração. Até almocei lá. Permaneci ali até a noite. O tribunal estava fechado, e fui levada para o corredor. Esperamos até as dez horas, quando me levaram para o escritório de um interrogador chamado Khorshidi. O interrogador do meu caso e outra pessoa que falava com um forte sotaque da província de Guilão estavam lá. Meu interrogador leu as acusações e me entregou o formulário. Acho que foram listadas dezoito a vinte acusações: agir contra a segurança nacional, associação e conluio, blasfêmia etc. Fui constantemente ameaçada de execução enquanto lia o formulário.

Escrevi que não aceitava nenhuma das acusações. Meu corpo, minha voz e minhas mãos tremiam. Sentia muito ódio e fazia o possível para me controlar. Era como se eles quisessem me destroçar com os dentes. Sabia que estava sozinha. Eles mentiam e ameaçavam, e eu sabia que não havia ninguém para me ajudar. Minhas irmãs também haviam sido presas. O fato de não ter notícias sobre minha família e meus amigos me preocupava ainda mais. "Não negue nada", disseram eles. "Nós sabemos de tudo. Se você cooperar, talvez não seja executada." E continuaram a me ameaçar assim. Quando perceberam que tinham ido longe demais, um deles me trouxe um copo d'água. Ao meio-dia, fui colocada em um carro. O homem de Guilão fez parecer que conhecia todos os meus parentes. Falou em guilão[2] comigo, mas não respondi. Só mais tarde descobri que ele era de lá.

Como você ocupava o tempo na cela?

Quando acordava, tentava tomar o chá lentamente, para passar o tempo. Pegava as migalhas do pão e as colocava no chá. Recolhia os fios cacheados do meu cabelo que haviam caído no chão. O pente que me deram mal conseguia passar pelo meu cabelo, e demorava para desembaraçar os nós. Fazia isso durante horas a fio. Enrolava os cobertores, me apoiava neles e olhava para as pedras na parede. Tentava encontrar formas no mármore. Estava entediada.

Jogava pão seco para as formigas. Depois do almoço, dormia um pouco e então esculpia formas no prato do almoço com uma colher. Fazia frio, e minhas pernas doíam ou ficavam dormentes. Sentia uma forte tontura, que piorava à medida que eu andava pela sala. Era como se as paredes estivessem me atacando.

Um detento anterior tinha colado um recorte de jornal na parede com pasta de dentes, e não sei quantas centenas de vezes o li. Eu havia memorizado os textos, os nomes e os poemas rabiscados por outros prisioneiros na parede. Quando consegui uma caneta depois de cinquenta dias, preenchi todas as paredes com os poemas de que gostava.

Como estava sua saúde?

A cada dois dias, surgia a oportunidade de tomar banho. Havia um corredor com uma câmera no topo e, na frente, quatro banheiros, sendo apenas dois para os prisioneiros. Um cabide ficava ao lado da porta. Quando eu estava no banheiro, ficava constantemente preocupada com a possibilidade de ser filmada pela câmera.

A duração do banho era de vinte minutos, mas eu precisava de meia hora só para lavar o cabelo, especialmente

---

2 Dialeto falado na província iraniana de Guilão, cidade natal de Atena.

porque não havia xampu e condicionador adequados e tomávamos banho com sabonete líquido. Eles eram extremamente rigorosos. Para ir ao banheiro, enquanto eu estava na cela sem vaso sanitário, era preciso pôr um pedaço de papel para fora da portinhola para que abrissem a porta. Muitas vezes demoravam horas para chegar e diziam que eu não tinha o direito de bater na porta! Eu não bebia água à noite porque diziam que não abririam a porta.

Como era a atmosfera durante os interrogatórios?
Os dois interrogadores estiveram em minha casa quando fui detida. Um deles, que escrevia as perguntas, era mais flexível, por assim dizer, e o outro, mais severo. Fazia frio, e as salas de interrogatório ficavam geladas. Desde o início de minha prisão, eu disse que tinha o direito de permanecer em silêncio e usaria esse recurso. Eles me ameaçavam e insultavam com obscenidades. De repente, faziam barulhos estranhos para me assustar. Uma vez disseram algo inapropriado. Levantei-me e disse a eles que me levassem de volta à minha cela. Disseram que, se eu saísse, não viriam mais me interrogar e meu caso continuaria sem solução. "Ótimo", eu disse. Fui para a cela, e eles não apareceram por dois dias. Depois de várias tentativas inúteis de me fazer confessar, outra pessoa entrou na sala. Eles o chamavam de Sardar.[3] Ele foi mais respeitoso em sua fala. Eu lhe disse que tinha o direito de permanecer em silêncio e não compareceria ao interrogatório se os interrogadores me insultassem, nem mesmo para dizer que eu tinha esse direito. Ele disse que os interrogadores haviam cometido um erro e então se virou para eles e falou: "Deixem-na em silêncio, temos provas suficientes contra ela". Em seguida, foi embora.

---

3 Sardar é um título honorário usado para oficiais nomeados como generais da Segunda Brigada, ou cargos mais altos no Corpo da Guarda Revolucionária Islâmica, e comandantes policiais que serviram previamente nos comitês militares ou na Revolução Islâmica, assim como os comandantes da dissolvida Jihad da Construção.

No décimo sétimo ou décimo oitavo dia de interrogatório, fui levada para uma sala maior. Havia muitas cadeiras de frente para a parede, uma janela à esquerda e uma mesa à direita. Eu estava sozinha na sala. Então vi uma de minhas amigas ser trazida e interrogada. Ela respondeu às perguntas e saiu. Em seguida, trouxeram outra amiga minha, fizeram-lhe perguntas, e ela saiu. Os interrogadores perceberam que haviam me pressionado demais. No mesmo dia, recebi um cigarro e um telefone pela primeira vez. Eu estava chocada. Eles haviam me traumatizado da pior maneira possível, mas tentei reagir às suas ações com desprezo e ridicularização, citando suas próprias regras. Isso me revigorou e os deixou ainda mais furiosos. Tentaram criar divergências entre mim e minhas amigas. Fui confrontada com elas várias vezes, mas não aceitei as alegações dos interrogadores a seu respeito. Ainda não tinham conseguido acessar meu laptop, e-mail e contas protegidas por senha, e, em razão de minhas negações e do silêncio, fui acusada de ocultar provas.

Quantos dias duraram os interrogatórios?

Fui submetida a cerca de quarenta e cinco dias de interrogatório. Alguns ocorreram em Tasua e Ashura.[4] Muitas vezes me davam almoço e até jantar na sala. Em alguns dias, eu não tinha permissão para fazer o habitual intervalo ao ar livre devido à longa sessão de perguntas.

Quando os interrogatórios terminaram, primeiro me deram uma caneta, depois um jornal e uma televisão. Vinte dias após o último interrogatório, fui trancada em uma cela com Mahdieh Golroo.[5]

---

4 Tasua é o nono dia, e Ashura, o décimo dia do Muharram, o primeiro mês do calendário islâmico. Na tradição xiita, Ashura marca o martírio do neto do Profeta, Hussain ibne Ali, na batalha de Karbala.

5 Mahdieh Golroo é uma ativista dos direitos dos estudantes e das mulheres. Ela foi presa e transferida para a prisão de Evin alguns dias depois de uma reunião de ativistas do movimento pelas mulheres na frente do Parlamento Islâmico em 21 de outubro de 2014, em protesto aos ataques com ácidos contra mulheres em Isfahan.

Até obter esses direitos, ou seja, por cinquenta dias, minhas condições eram intoleráveis. O som dos televisores das outras celas já era o bastante para me incomodar, mas depois disso a situação melhorou um pouco. Pelo menos eu não estava mais sozinha com as paredes.

Você tinha permissão para fazer ligações telefônicas? Quais eram as condições para receber visitas?

Tive permissão para fazer uma ligação telefônica pela primeira vez depois de dezoito dias e, então, podia fazer uma ligação telefônica de quatro minutos uma vez por semana. Minha primeira visita foi após vinte e cinco dias. Depois disso, às quintas-feiras, eu tinha um encontro presencial de uma hora com apenas três membros da família. Acontecia em uma pequena sala, e o interrogador ficava atrás da porta.

Quanto ajudou encontrar sua família?

Isso foi especialmente importante. Quando não podia ver minha família, ficava incomodada por não saber o que estava acontecendo com eles, e isso me deixava ansiosa. Reunir-me com eles aliviou minhas preocupações, e eu seria informada sobre o andamento do caso. Os encontros têm um efeito edificante sobre o moral do prisioneiro. Não tínhamos espelho na ala 2A, então era minha mãe que me dizia como eu estava.

Após os interrogatórios, e graças aos esforços de minha família, fui atendida pelo médico forense de Evin por causa da tontura e da parestesia. Fui enviada ao hospital Baqiyatallah para fazer uma ressonância magnética, mas fui devolvida à ala pública de Evin antes de receber os resultados. Devido às condições inóspitas, incluindo a falta de luz natural e de ar livre, além de coerção e angústia, comecei a sofrer de diversas doenças mentais e físicas. Mais tarde, descobri que a maioria dos meus colegas presos nessas celas enfrentava os mesmos problemas.

O que pensa sobre o confinamento solitário?

A cela solitária é como uma lata lacrada. Você não tem como abrir a tampa, e a pressão, o isolamento e as expectativas são como martelos batendo nessa lata para esmagá-la. Sem aviso, de repente abrem a porta, forçando a fechadura. Qualquer pessoa pode fazer isso quando quiser, exceto você mesma, deitada no meio da cela. Durante todo o tempo em que estive lá, inconscientemente evitei olhar para a porta.

ZAHRA ZEHTABCHI

Zahra Zehtabchi (1969) é socióloga e pesquisadora em ciências sociais. Já havia sido detida em 2009, por um período mais curto, por causa de uma pesquisa realizada pela Universidade de Teerã sobre os resultados da eleição presidencial. Em 16 de outubro de 2013, o Ministério da Inteligência prendeu Zahra na rua. Daquele dia até o fim de 2014, foi mantida em confinamento solitário sob constantes interrogatórios e sem permissão para sai, sendo acusada de ter ligações com a Organização Mujahedin-e-Khalq[1] porque possuía uma foto de seu pai, Ali Asghar Zehtabchi, executado em 1981 por apoiar a entidade. Seu marido, Seyed Javad Khoshniyat Nikou, sua filha Narges e sua irmã Faezeh também foram detidos ao tentar buscar informações sobre ela, mas permaneceram bem menos tempo sob custódia. O juiz Salavati[2] a condenou a doze anos de prisão; houve apelação em 2015, e a pena final ficou definida em dez anos, sentença que ainda cumpre.

Quando e como você foi presa?

Fui presa em 16 de outubro de 2013 na rua. Fui imediatamente enviada para o confinamento solitário. Fui entregue

---

1 Mujahedin-e-Khalq, ou Pessoas Mujahedin do Irã, é uma organização militante iraniana. Seu objetivo principal é substituir o regime atual por um novo governo.
2 Abolqasem Salavati é chefe da seção 15 do Tribunal Revolucionário Islâmico em Teerã e foi sancionado pelos Estados Unidos.

à ala 209 do Ministério da Inteligência na prisão de Evin. Não tive nenhum contato durante os primeiros trinta e três dias. Quando fui presa, descobri que meu marido também havia sido. Naquela época, ele não era politicamente ativo — e continua não sendo.

Depois que fui entregue ao chefe da equipe de operações, tive de acompanhá-los nas buscas em minha casa. Não havia ninguém lá. Confiscaram todos os meus pertences pessoais e depois me levaram para a casa da minha mãe. Era *Eid*,* e minhas filhas estavam lá. Os policiais prenderam minha irmã e minha filha mais velha. Quando finalmente chegamos a Evin, eram nove da noite.

Lá soube que meu marido, minha irmã e minha filha também estavam detidos na ala 209. Assim que cheguei, depois de trocar de roupa, fui levada para a cela de interrogatório.

Javad, minha irmã e minha filha estavam sendo interrogados em celas próximas, e eu podia ouvir a voz deles. Não tive permissão para entrar em contato com ninguém por trinta e três dias.

Por quanto tempo foi interrogada?

Nos meus catorze meses de confinamento solitário, fui interrogada ao longo dos três meses iniciais. O interrogador vinha aproximadamente uma vez a cada dez dias. Começava às nove ou dez horas da manhã. Na hora do almoço, eu esperava no local para que eles pudessem sair, almoçar e voltar. A sessão em geral durava até as três ou quatro da tarde. Eu não tinha muito a dizer durante os interrogatórios.

Quando você tinha permissão para fazer ligações telefônicas?

Depois de três meses, os interrogatórios terminaram, e pude telefonar para casa aos domingos. Quando liguei pela primeira vez, minha mãe disse que meu marido havia

---

* *Eid* é uma época de celebração na fé islâmica. [N.E.]

sido libertado após vinte dias, minha irmã após dez dias e minha filha no dia seguinte à detenção. Eu não tinha conhecimento do que havia acontecido com eles. A direção do presídio autorizou visitas da minha família a cada quinze dias. Mais tarde, soube que meu marido havia sido espancado, embora ele não participasse de atividades políticas nem se interessasse pelo tema.

O que você passou a fazer depois do fim dos interrogatórios?
Três meses depois, com o término dos interrogatórios, recebi o direito de ler um jornal e assistir TV das nove da manhã às dez da noite.

Fale-nos sobre as condições da cela.
Nos primeiros três meses, ficava em uma cela no topo do prédio. Havia uma janela de ferro coberta por trás com uma placa de metal perfurada que impedia a passagem de luz. Eu estava no terceiro corredor. As pessoas da ala 209 sabiam que eu estava ali. E sabiam que, quanto maior o número do corredor, mais escuro e sufocante é, e eu estava na última cela. Era inverno, e fazia muito frio. Eu me enrolava no cobertor para me aquecer. Rezava para que a cela esquentasse um pouco. Rezava para que o sol refletisse no telhado do edifício para que o calor pudesse passar. Estava tão frio que por um tempo não pude me levantar e andar na cela. Fiquei no terceiro corredor até o *Eid*, quando passou a ser ocupado por homens, e me levaram para o corredor um, onde eu era a única pessoa instalada. As dificuldades dos primeiros três meses foram terríveis. A comida não me fazia bem. Mesmo quando eu queria beber água gelada, eles não me davam e diziam em tom de desdém: "Beba da torneira". Não me davam nem mesmo uma vassoura para limpar a cela. Em três dias da semana era levada para tomar ar fresco por vinte minutos. O banho era permitido três dias por semana, e, às sextas-feiras, eu não ia ao pátio nem tomava banho. Eu não tinha nada.

Fale-me sobre os procedimentos de segurança.

Eu não tinha vaso sanitário no quarto e precisava estar vendada sempre que saía da cela para ir ao banheiro, mesmo que estivesse a poucos passos de um. Imaginem, fiquei presa por catorze meses e, durante esse período, tive de usar a venda sempre que precisasse sair. Durante muito tempo, fui fisicamente inspecionada a cada ida ao banheiro e volta para a cela. "Não há ninguém nesta cela ou no banheiro, exceto eu", eu dizia. "Não tenho nada comigo, nem aqui, nem lá, então por que vocês revistam meu corpo?"

Continuaram fazendo isso de qualquer maneira e não me ouviam, por mais que eu protestasse. Uma vez, o chefe da ala 209 perguntou se a comida estava boa. Essa foi a segunda vez que ele fez essa pergunta. "Senhor", respondi, "por acaso sou uma ovelha para ficarem conferindo se estou comendo? Considere minhas condições. Estou vivendo sozinha em uma cela há meses e, toda vez que saio para ir ao banheiro, sou submetida a uma inspeção física. Que assédio é esse?". Eu sabia, porém, que ele estava apenas cumprindo ordens.

Como estava sua condição física e como eram os tratamentos médicos?

Quebrei um dente e quis ser levada ao centro de saúde da prisão, mas me ignoraram. Minha boca infeccionou, e, apesar da minha condição ruim, não me deram atendimento. Uma das guardas me deu alguns comprimidos sem me levar ao hospital e sem receita médica, dizendo que eram antibióticos. Não tive escolha. Tomei a medicação por alguns dias. Passou algum tempo, e o chefe da 209 foi verificar meu estado. Falei que meu dente estava quebrado e infeccionado, que tinha dificuldade para comer e sentia dor. "Vou solicitar o tratamento médico necessário", ele disse. Um dia, me levaram para o porão da ala. Entrei em uma sala com uma mesa de pingue-pongue e uma cadeira. Sentei-me na cadeira. Um senhor de idade veio, examinou meu dente e disse que nada poderia ser feito, que eu teria de suportar o problema. Entregou-me uma embalagem de fio dental e foi embora. Meu dente quebrado permaneceu sem tratamento até o final do meu confinamento solitário.

Como você ocupava seu tempo na cela?

Certa vez, pedi ao interrogador-chefe que ao menos me desse uma caneta e um caderno. Eu só tinha o Alcorão e o *Mafatih al-Jinan*,[3] nem sequer tinha uma cópia do *Nahj al-Balagha*.[4] Depois de alguns meses, solicitei um exemplar e o recebi. Eu havia feito um cronograma que cobria os catorze meses do confinamento solitário. Li o Alcorão catorze vezes durante esse período. Todos os dias eu lia uma parte do Alcorão com sua tradução. Quando recebi o *Nahj al-Balagha*, incluí-o em minha rotina diária. De manhã, depois de despertar para fazer as orações, eu não voltava a dormir, mas me exercitava. Fazia exercícios duas vezes ao dia: uma pela manhã e outra à noite. Após o exercício matinal, tomava o chá servido em um copo plástico descartável e um pedaço de pão com um pouco de geleia e manteiga. Às sextas-feiras também me davam um ovo. Em alguns dias, como no sábado, a comida era muito ruim, e eu não a comia. Jejuava às segundas e às quintas-feiras.

Diariamente eu desenhava uma linha na parede para marcar os dias de encarceramento. Tentava não dormir demais. Lia os escritos de prisioneiros recentes na parede da cela. Para impedir que os lêssemos, os guardas pintavam as paredes a cada poucos meses. Eu memorizava versos do Alcorão durante o dia; ao todo, foram três capítulos inteiros. Às vezes, eu escrevia coisas na parede. Mas um dia, ao voltar do banheiro, o guarda me disse que tinham limpado as paredes para mim.

---

3 *Mafatih al-Jinan* (Chaves para o paraíso), de Abbas Qumi, é uma compilação de orações e textos devocionais do Islã.

4 *Nahj al-Balagha* (O caminho para a eloquência) é a coleção mais famosa de escritos atribuídos a Ali, primo e genro de Maomé.

Qual era a justificativa para mantê-la em confinamento solitário por tanto tempo?

Como disse, fui presa em 16 de outubro de 2013. Meu primeiro julgamento foi em 8 de abril de 2014, e o último, em 7 de dezembro do mesmo ano. O juiz do caso foi Salavati.

As audiências foram adiadas sem motivo. Na primeira vez em que fui ao tribunal, fiquei horas esperando o juiz. Disseram que ele tinha ido visitar parentes e amigos no *Eid*. Perguntaram-me se eu tinha advogado. "Não tenho", respondi. "Fui presa na rua, estou em uma cela e não tenho acesso a ninguém."

Eu tinha direito a um defensor público. Depois de alguns meses na cela sem saber o motivo, retornamos à seção 15. O julgamento não foi realizado *de novo*. Meu interrogador, o sr. Alawi, disse que meu caso era grave e que eu havia sido acusada de *moharebeh*.[5] Contou que o defensor público tinha ido embora, pois ficara tão assustado ao ler o caso que se recusou a aceitá-lo.

Minha mãe ia de uma seção do tribunal para outra, de um promotor para outro, pressionando-os a realizar o julgamento e perguntando sobre ele. Fui transferida para a ala geral feminina de Evin em dezembro de 2014 e condenada a doze anos de prisão em 11 de janeiro de 2015. No Tribunal de Apelações, minha sentença foi confirmada, e dez anos teriam de ser cumpridos.

Você foi mantida em confinamento solitário por catorze meses. Você achava que conseguiria suportar tal tortura?

Eu não era politicamente ativa, exceto por um período de seis meses anterior à minha primeira experiência na prisão, quando participei de uma atividade leve. Naquela época, eu trabalhava em um projeto sobre as eleições de 2009 e eventos subsequentes. Era uma pesquisa realizada para

---

5 *Moharebeh* é o crime de "travar uma guerra contra Deus", "guerra contra Deus e o Estado" e "ódio contra Deus". É um crime capital na República Islâmica do Irã.

o escritório do Líder Supremo [chefe de Estado no Irã]. Em locais públicos, como metrôs e ruas, entregávamos questionários para as pessoas preencherem. Era um estudo de campo, e perguntávamos aos entrevistados se acreditavam no que era alegado sobre as pessoas que estavam sendo torturadas e mortas.

Um dia, quando estava distribuindo os questionários no metrô Haft Tir, notei um senhor parado ao meu lado. Ele parecia um pouco suspeito, porém, como eu trabalhava legalmente, tinha certeza de que não havia perigo. Pedi a ele que preenchesse o questionário também, mas ele foi embora. Percebi que estava indo para o quiosque da polícia localizado na praça Haft Tir. Em seguida, um policial veio e me prendeu. Fomos para o centro de detenção na rua Vozara. Expliquei que meu trabalho era administrativo e só estava cumprindo meu dever. Nosso chefe havia dito a todos nós, pesquisadores, para ligarmos para ele imediatamente se tivéssemos algum problema, mas os guardas não autorizaram o telefonema.

Passei uma noite no centro de detenção na rua Vozara, e foi muito difícil. Estava deserto pela manhã, mas lotou no início da noite. Mulheres viciadas em drogas eram levadas para lá, e eu estava em uma cela com uma mulher presa por ter um casamento temporário e com outra envolvida em um esquema de pirâmide. Os banheiros eram muito sujos e horríveis. Trouxeram-nos comida em uma panela de alumínio, e todas se aglomeraram em torno dela. Uma imagem terrível da prisão tomou forma em minha mente.

Durante aquele curtíssimo período encarcerada em 2009, compreendi a realidade da prisão e suas dificuldades. Aquela noite no Centro de Detenção de Vozara havia sido minha primeira e única experiência presa até o momento. Quando entrei na ala 209, em 2013, enfrentei uma noite muito difícil e um interrogatório péssimo. Fui levada da ala feminina para o corredor e estava esperando o interrogador quando, de repente, ele me agarrou pelo xador, puxou-o com força e me jogou na cela, em meio a ameaças e insultos. Disse que levariam para lá dez membros da minha família em alguns dias. Ofendeu meus familiares, minha sogra etc. Era uma atmosfera agressiva e ameaçadora. Ele disse: "Recebi sua sentença de morte há algum tempo". Eu não tinha permissão nem mesmo para falar. Quando demonstrava que queria falar, ele gritava que eu não tinha esse direito. A noite inteira transcorreu nesse clima. Ele disse: "Traga uma mortalha". De repente, jogou uma sacola na minha frente. Quando a abri, vi que continha alguns cartazes. Também trouxeram uma foto que eu havia emoldurado do meu pai, executado em junho de 1981. O interrogador perguntou se eu tinha ligações com o campo de Ashraf.[6] "Não", respondi, "meu pai e minha irmã foram mortos". Confiscaram o laptop, a impressora e o computador da minha casa.

Lembro-me do primeiro dia de detenção; acompanhada dos interrogadores, estávamos em frente a Evin, esperando por um oficial que me conduziria até minha casa para revistá-la. Ouvi os interrogadores, cientes de que eu podia ouvi-los, dizerem que determinado interrogador espancaria a acusada antes do interrogatório. Nesse momento, um deles se aproximou e me deu o telefone. Era o sr. Alawi, o interrogador principal. Ele é o interrogador dos membros da organização. Seu método de inquirir é especial, pois não insulta. Ele me disse para dar aos colegas dele meu endereço de e-mail. Falei que não tinha.

Conte-nos sobre suas sessões de interrogatório. Os interrogadores realmente conduziram alguma investigação? As perguntas eram sobre seu trabalho?
Na primeira noite em que fomos levados para a 209, o interrogatório começou imediatamente. Javad, Narges, minha irmã e eu fomos interrogados em salas separadas. Eu podia

---

6 O Campo de Ashraf era a sede do grupo iraniano de oposição Mujahedin-e-Khalq. Foi fechado em 2016, depois que seus últimos membros foram levados para a Albânia.

ouvir a voz do meu marido. Durante trinta e quatro dias, eu só discuti com meu interrogador. Certa vez, ele disse que eu havia sido vigiada por dez dias antes da minha prisão e filmada desde o dia em que fui libertada em 2009. As discussões se tornaram mais ideológicas, e achei que fosse apenas um prelúdio exagerado e que os verdadeiros interrogatórios ainda estivessem por vir.

Alawi discutia e falava sobre vários assuntos, em especial sobre a organização, mais do que fazia perguntas. Nem sequer perguntei se minha filha e minha irmã haviam sido libertadas. Assim, concluíram que não podiam me ameaçar ou pressionar por meio de minha família. Entretanto, podiam pressionar minha família por meu intermédio. Os interrogadores ligaram para minha casa. "Você sabe que sua mãe vai ser executada?", perguntaram a Narges, minha filha. O ânimo de todos foi abalado. Minha mãe foi até o juiz e reclamou. Era algo natural para mim ficar tensa depois de telefonar para casa e ser informada da pressão exercida sobre minha família. Eu não queria resistir, por assim dizer, ou não falar. Mas não estava ciente de meus direitos, não de fato. Eles queriam me acusar de *moharebeh*.

Se eles não a estavam interrogando sobre algo específico, o que acha que procuravam e o que queriam?

Afirmei ao juiz Salavati no tribunal que, se fosse libertada, não seria politicamente ativa. Salavati me disse para conversar com os especialistas. Alawi veio e falou que, se não retirasse o que havia dito no tribunal, eu teria de deixar isso por escrito e seria entrevistada. O próximo passo das autoridades era me fazer depor contra a organização. Respondi que minha motivação para fazer o que fiz durante os seis meses em que fui politicamente ativa foi que, quando era jovem, meu pai havia sido executado injustamente. Eu tinha apenas onze anos, mas foi uma experiência amarga. Disse-lhes que, quando me prenderam e levaram meu marido e minha filha para a cela, essa mesma experiência amarga se enraizou na memória da minha outra filha, a mais nova, que também tinha onze anos. Eu disse que, no dia em que me prenderam na casa de minha mãe, me lembrei de como me senti quando criança. "Eu não era sua inimiga, mas você matou meu pai injustamente. Eu fiz o que fiz contra a opressão a que fui submetida. Quando eu tinha onze anos, o senhor executou meu pai. Além de prenderem minha mãe, prenderam meu irmão de dezesseis anos por ter apenas um panfleto político e o condenaram a cinco anos de prisão. Cumpriu quatro anos e foi libertado com o perdão do aiatolá Montazeri." Anos depois, seis meses antes da minha prisão, eu havia feito apenas alguns panfletos. Meu objetivo era somente protestar contra as atrocidades praticadas comigo e com minha família.

Eu não tinha feito nada pelo qual pudessem me executar ou me declarar uma *moharebeh*. Afirmei que, se eu concedesse uma entrevista, falaria sobre tudo desde o início, na década de 1980, e o que havia acontecido comigo. Nesse mesmo dia, o interrogador ligara para minhas filhas de vinte e um e de onze anos, pedindo-lhes que o encontrassem no parque, pois iria até lá depois de falar comigo. Quando eu estava na sala de interrogatório, minha filha mais velha ligou para ele. Ele me disse que era ela e me entregou o aparelho. Conversei com minha filha, mas sem saber naquele momento qual havia sido a intenção dela ao telefonar. Alawi respondera: "Deixe-me primeiro falar com sua mãe".

Minha mãe havia percebido que as meninas iam se encontrar com Alawi e as proibira de irem sozinhas ao parque. Então, foi com elas e conversou com o interrogador antes que ele pudesse falar com as meninas. Minha mãe se mostrou contrária ao meu confinamento solitário de um ano, o que deu início a uma discussão. Por isso, Alawi não conseguiu falar com minhas filhas.

No dia seguinte, ele foi até a ala onde eu estava e disse que tinha ido falar com minhas filhas, mas minha família não permitira. Mais tarde, entendi que as duas seriam entrevistadas e gravadas. Queriam usar minhas filhas como bem entendessem depois de me entrevistarem. Mas, por causa do que aconteceu, não conseguiram. Daquele dia em diante, por vários meses, passaram a dizer que meu processo estava desaparecido. Diziam à minha mãe que estava perdido toda vez que ela ia ao escritório do promotor para acompanhar meu caso e meu julgamento.

Foi assim que fiquei em um estado de incerteza no confinamento solitário. Depois de alguns meses, solicitei uma reunião com Alawi. "Onde está meu processo?", perguntei. "Não fui levada ao tribunal nem me disseram nada sobre meu caso." Alawi reclamou daquele dia no parque e de minha mãe. Então me informou um número de telefone e foi embora. Seja como for, depois dessa conversa, encontraram meu processo.

Você foi ameaçada?
Quando eu estava na ala 209, a pressão sobre minha família era maior do que sobre mim. Fui repetidamente ameaçada de execução por Alawi. Certa vez, durante o interrogatório, eu disse que queria que minha família, minhas filhas em especial, estivesse no tribunal durante meu julgamento. "Não", disse ele. "Como sua sentença é a execução, é melhor que não estejam lá." Havia muita pressão sobre minha família. Minha mãe estava acostumada, mas minhas filhas eram jovens, estavam assustadas e ansiosas. Diziam: "Mamãe, não queremos passar pelo mesmo sofrimento que você passou com a morte do seu pai". Foi extremamente difícil para minhas filhas.

Qual era seu grau de conhecimento acerca de seus direitos como ré?
Eu não sabia nada sobre meus direitos. Não tive acesso a ninguém, nem mesmo a um advogado. Só via os interrogadores, nunca vi nenhum oficial legal. Em uma segunda-feira, eu estava jejuando quando vieram me

buscar para ser interrogada. Colocaram a pasta do meu caso na minha frente e disseram que eu tinha de explicar minhas atividades e assinar vários documentos. Fiquei sentada ali até a noite, assinei e expliquei tudo. Não sabia se o que tinha feito era certo. Eles disseram que aquilo era para a corte e o juiz.

Tem mais alguma coisa que gostaria de dizer sobre a cela solitária?

Apesar de todas as dificuldades, tentei encarar a solitária como uma oportunidade, não como uma tragédia. Aprendi coisas lá que não poderia aprender em nenhum outro lugar. Mais tarde, quando entrei na ala feminina, fiquei me perguntando onde havia encontrado os argumentos que usei durante os interrogatórios. Eu estava completamente alienada do ambiente externo. Enfim... Nessas circunstâncias, a pessoa se torna introvertida, e sinto que também me voltei para dentro. Eu lia o Alcorão em voz alta. Todos os dias, lia duas páginas com a tradução. Por estar em uma cela solitária, consegui ler de maneira cuidadosa e profunda o Alcorão catorze vezes em um ano. Esse fator teve um efeito tremendo no fortalecimento da minha resistência. Eu vivia e resistia de acordo com minhas crenças religiosas.

Na cela, tentei não pensar em liberdade, no mundo exterior e em sair da prisão. Meu último julgamento foi em 7 de dezembro de 2014. Voltei para a cela e, no dia seguinte, às dez e meia da manhã, me ligaram. Eu não sabia o que aconteceria depois que saísse dali. Eles não me disseram nada, e então entrei em outro prédio: a ala feminina. Meus catorze meses de confinamento solitário haviam terminado.

NAZANIN ZAGHARI-RATCLIFFE

Nazanin Zaghari-Ratcliffe (1978, Teerã) é uma cidadã iraniana-britânica que, após uma viagem de duas semanas ao Irã, foi detida no aeroporto ao deixar o país em 3 de abril de 2016. Quando foi presa, Nazanin estava com a filha Gabrielle (Gisoo), então com quase dois anos. As autoridades entregaram a criança aos avós maternos, confiscaram o passaporte de Nazanin e alegaram que estava sendo presa sob a acusação de espionagem e participação em "atividades subversivas contra a República Islâmica por meio de cooperação com institutos e empresas estrangeiras". Nazanin foi condenada a cinco anos de prisão e enviada para a solitária na prisão de Kerman. Mais tarde, foi transferida para Evin. Richard Ratcliffe, seu marido, e a Fundação Thomson Reuters, sua empregadora, negaram as acusações contra Nazanin.

Você se lembra de alguma coisa do momento em que foi presa?
Na primeira noite de detenção, eu não sabia onde estava. Não me lembro do que ocorreu ou do que fiz. Estava em choque. Não sabia o que tinha acontecido. Ninguém me deu nenhuma explicação. Ninguém me disse por que estavam me tratando daquela maneira, por que tiraram minha filha de mim ou onde eu estava. No dia seguinte, fui

levada para ser interrogada. Só mais tarde descobri que meus interrogatórios tinham apenas começado naquele momento. Fui transferida para Kerman na tarde da minha prisão.

Como era a prisão em Kerman? Lá você ficou em confinamento solitário?

Cerca de quatrocentas e vinte mulheres estavam sob custódia no pavilhão central de Kerman. E na época a instituição só contava com uma cela de quarentena, enquanto todas as detentas ficavam confinadas no restante da prisão. Fui levada primeiro para lá. A porta era de ferro, pesada, e tinha uma grande fechadura que permanecia sempre trancada e uma portinhola soldada. A área da cela de quarentena era de aproximadamente dois metros por um. Havia uma meia parede atrás da qual ficava uma latrina no chão. Ao lado, uma pia e uma lixeira. O quarto tinha um ventilador. Não havia luz natural, apenas uma lâmpada potente no centro que nunca se apagava.

Você conseguia ouvir alguma coisa fora da cela? Teve algum contato com as mulheres presas ali?

Durante o dia inteiro, eu ouvia as vozes das quatrocentas e vinte mulheres através da porta da cela. Essas vozes ecoavam na minha cabeça, mas eu não tinha contato com elas.

Como era a cela?

O piso era de pedra. Deram-me um cobertor sujo para estender sob mim e outro também em mau estado para me cobrir. Estava frio, e eu dormia de suéter, jeans e jaqueta.

E a higiene?

Era horrível. Tive sorte de sair de lá com boa saúde. Não tínhamos um bom detergente. Eles me davam um copo descartável com sabão líquido para lavar o vaso sanitário, a pia e minhas mãos. Às vezes, também me davam um agente desincrustante. Eu tinha sabonete líquido quando estava sozinha. As coisas pioravam quando pessoas eram levadas para a quarentena para passarem alguns dias comigo, pois não era possível manter a higiene. Imagine só: o banheiro ficava no mesmo espaço onde comíamos e dormíamos.

Você podia tomar banho?
Eu não tinha permissão para sair da cela para tomar banho. Eles me davam uma panela e uma bacia e eu devia me lavar na área atrás da meia parede próxima à latrina.

Como era estar lá?
Não consegui dormir nem um pouco na primeira semana. Meu coração palpitava com tanta força que, quando eu colocava a cabeça no cobertor, parecia que ia explodir. Eu distinguia o dia da noite pela luz que entrava pelas laterais das pás de um exaustor instalado numa parede. Eu orava quando ouvia o chamado para a oração e percebia que estava clareando. Então a manhã se transformava em meio-dia, e o meio-dia em noite. O silêncio era imposto a partir das dez da noite. Eu não conseguia dormir e, pelo som dos pardais, sabia que era madrugada.

Como era a comida?
Eles nos traziam comida três vezes ao dia: café da manhã, almoço e jantar, e sempre me entregavam uma garrafa de água. Se eu pedisse água em qualquer outra ocasião além dessas, diziam que não era possível porque eu já havia recebido minha provisão.

A qualidade dos alimentos era péssima, e eu comia apenas pão, queijo e geleia. Com o passar dos dias, o clima foi ficando mais quente. Os dias eram abafados, e as noites, frescas. O calor era sufocante durante o dia porque não havia ar-condicionado ou refrigeração. O banheiro da cela exalava um cheiro tão horrível que os guardas tapavam o nariz com as mãos ao trazer as refeições. Era muito ofensivo.

Fiquei doente várias vezes. Tinha dificuldade para respirar naquele ar abafado. Já era penoso o suficiente ficar naquela cela quando estava sozinha... Ficar solitária em uma cela era extremamente difícil, mas era pior ainda quando traziam pessoas para lá. Algumas vezes chegavam viciadas em drogas. Naquela pequena cela com um banheiro aberto e sujo, era difícil suportar a presença de outras mulheres.

Como eram os interrogatórios?

Logo no primeiro dia fui interrogada. Na primeira semana, fui todos os dias. Na segunda semana, quatro vezes e, a partir daí, três vezes por semana. Só saía da cela no horário do interrogatório, e nunca me foi concedido o direito de sair ao ar livre. Quando estive em Kerman, perdi sete quilos.

Como foi o encontro com sua família?

Durante os seis dias em que estive em Kerman, encontrei minha família apenas uma vez. No trigésimo primeiro dia de minha detenção, o encontro foi em uma casa de hóspedes. Lá estavam minha mãe e meu pai, Gisoo (minha filha) e minha irmã. Eu me senti péssima depois. Gisoo havia mudado. Seus dentinhos estava nascendo. Ela não me reconheceu. Também não a reconheci quando a vi pela primeira vez. Quando eles chegaram, ela estava nos braços de meu pai. Eu estava tão fraca que não conseguia ficar de pé. Ela se agarrou a mim e não se moveu por alguns minutos. Então olhou para minha mãe e depois para mim. Senti que seu rosto havia mudado durante o período em que não a vi. Seus dentes caninos haviam aparecido, seu cabelo crescera, e estava mais alta. O interrogador havia lhe trazido uma boneca, e Gisoo ficou incrivelmente feliz ao ver o presente. O segundo aniversário dela seria duas semanas depois. O interrogador ressaltou que a sala estava grampeada e era vigiada por uma câmera; só podíamos falar sobre nossa família.

Você tinha permissão para fazer ligações telefônicas para sua família?
Não havia um horário definido para as ligações telefônicas, pois tudo dependia da satisfação dos interrogadores com meu interrogatório. Se ficassem satisfeitos, me davam permissão para fazer uma ligação; do contrário, não me deixavam telefonar. Na primeira semana, permitiram que eu ligasse todos os dias, mas depois disso não mais.

Como você suportou a pressão dos interrogatórios?
Os interrogadores me ameaçavam, diziam que eu receberia uma sentença pesada se não confessasse a espionagem. Diziam que eu não conhecia bem meu marido, que ele era espião e havia mentido sobre onde trabalhava. Contei a eles sobre os e-mails que meu marido enviara da empresa onde trabalhava, mas eles não aceitaram isso.

Houve dias em que queriam que eu dissesse que meu marido era espião e que eu trabalhava para organizações de inteligência, mas me recusei. Minha situação piorou. Fui mantida em confinamento solitário por quarenta dias e na ala geral de Kerman por dezoito dias. Os interrogadores ameaçaram enviar Gisoo para Londres se eu não cooperasse. Continuavam me dizendo que eu havia perdido meu emprego e que, se o período de interrogatórios demorasse muito, meu marido me deixaria. Eu estava muito frustrada. Pediam que eu lhes contasse sobre meus amigos e seus projetos de trabalho. Eu não dormia havia três semanas. Não via minha filha e estava sob muita pressão. Às vezes, dizia coisas só porque estava sendo pressionada. Certa vez, o interrogador trouxe um iPad e me mostrou fragmentos da entrevista de Richard. Em outro dia, chorei tanto que até desmaiei. Durante um interrogatório, me senti tão pressionada que caí da cadeira. Passar por essas sessões em Kerman sempre me perturbava. Estava muito ansiosa. A atitude e o comportamento do interrogador de lá me incomodavam demais. Sentia muito medo dele.

Como estava seu estado mental em Kerman?

Eu me sentia péssima. Chorava. Gritava. Lia muito o Alcorão. Talvez eu tenha lido o Alcorão inteiro por sete vezes. Uma vez, falei com Deus, gritei, desmaiei e, quando acordei, vi um rosário em minha mão e caí no tapete. Percebi que estava inconsciente havia muito tempo. Em Kerman, o tempo não passava de jeito nenhum. Era muito difícil ocupar a mente. Aqui em Evin, não tive experiências parecidas. Os dias passavam devagar, e as noites eram sempre iguais. E, novamente, era interrogada. Se o interrogador achasse que a conversa estava indo bem, perguntava qual era a minha comida favorita, e então a pediam para mim.

Como era a atmosfera na sala de interrogatório?

Eu era levada da cela de quarentena para o local do interrogatório, e, para chegar lá, era preciso ir de carro. Depois de três a cinco minutos rodando, eles me vendavam, e eu não conseguia ver o restante do caminho. Entrávamos em um recinto residencial. Era uma casa onde eu podia baixar a venda ao chegar. Eu tirava os sapatos e andava de meias. Havia um homem gentil dentro do imóvel que abria a porta toda vez que tocávamos a campainha. Outra pessoa ficava em uma sala digitando e traduzindo. Quando chegávamos à sala de interrogatório, eu tirava a venda e sentava para esperar o interrogador.

Às vezes, eu o aguardava por horas. Quando ele chegava, eu os escutava pôr a câmera no tripé. Então ele apoiava uma bolsa de couro na mesa à sua frente para que eu não visse o que estava escrevendo. Ele tinha outro dispositivo em uma bolsa pequena, o qual era ligado para gravar o áudio e o vídeo. Uma vez vi o flash piscando. Eu era vendada novamente quando o interrogador chegava e fazia esses preparativos. Quando tudo estava pronto, eu tirava a venda, e o interrogatório começava. Eles me ofereciam chá e, às vezes, bolo.

Quais foram os efeitos da cela solitária na prisão de Kerman e, em especial, da separação de sua filha sobre seu estado mental?
Eu vivia ansiosa. Eu me perguntava como seria o futuro. E por que minha bebê, que eu estava amamentando duas semanas antes, havia sido tirada de mim. De manhã, quando abria os olhos, procurava por Gisoo. Tive uma visão em que eu afastava seus cabelos lisos do rosto enquanto ela dormia.

Achei que estava em um pesadelo. Não conseguia acreditar que tinham me separado de Gisoo. Sentia muita falta dela. Sentia falta de dar banho nela, de colocá-la para dormir. Agora, ao pensar nisso, não me lembro exatamente o que eu pensava. Há muitas coisas de Kerman das quais não me lembro. A atmosfera ali era tão sufocante que eu queria esquecê-la.

Gisoo e eu nunca havíamos nos separado. Eu só tinha ficado longe dela por uma noite, e agora ela fora tirada de meus braços. Achei que Gisoo estaria febril naquele momento, na minha ausência. Ela costumava tocar meu rosto, meu peito e minhas mãos, e eu me perguntava o que ela faria, como comeria e dormiria sem mim. Eu estava extremamente ansiosa. Achei que tudo isso não duraria mais do que um ou dois dias. Não sabia que demoraria tanto. Três dias após minha prisão, três interrogadores vieram de Teerã para Kerman. Eles fizeram perguntas diferentes. Entre outras coisas, questionaram várias vezes minha personalidade, o que me surpreendeu. Em seguida, disseram-me para enviar uma mensagem de texto ao meu marido, dizendo-lhe que tinha havido um mal-entendido e que eu seria libertada no sábado. Também me disseram para ligar para meus pais e falar a mesma coisa.

Mas no sábado fui levada novamente para interrogatório. Você não será libertada, disse o interrogador: "A opinião do Ministério da Inteligência em relação a você era positiva antes, mas agora é negativa". Fiquei furiosa e me opus ao que estavam fazendo comigo e com minha família. Eu estava terrivelmente preocupada. Meu coração batia tão rápido que eu tremia de medo.

Em que medida o confinamento solitário aumentou sua angústia e sua ansiedade?

Muito. A cela solitária me causava ataques de pânico. Tenho claustrofobia, e ficar confinada e sozinha na solitária era uma tortura severa, pois eu sentia muito medo. Dizia às guardas que, se deixassem a porta ligeiramente aberta, eu poderia vê-las, e isso me acalmaria. Pelo menos eu conseguiria dormir, mas elas diziam que, por lei, a porta e a portinhola tinham de ficar fechadas. Além da ansiedade e do medo, também sentia nostalgia e depressão. Estava preocupada com Gisoo e Richard. Eu me perguntava o que eles estariam fazendo. Durante quase todo o primeiro mês em que estive em Kerman, ninguém sabia onde eu estava porque, ao ligar para minha família, eles não conseguiam ver o número do telefone e eu não tinha permissão para contar onde estava.

Com toda essa ansiedade, você foi levada a um psiquiatra ou à clínica da prisão para tratar de suas outras doenças?

Não fui levada ao centro de saúde. Tenho uma deficiência grave de ferro e vitamina D. Estava em tratamento antes de ser presa, mas na prisão não me deixavam nem tomar meus remédios. Na cela, essas condições são agravadas porque você é privada de condições normais do seu cotidiano.

A cela solitária era muito difícil. Havia uma fenda estreita na portinhola soldada à porta. Eu tentava olhar por ela e ver as oficiais no escritório. Eu as chamava ou batia na porta. Elas comiam castanhas, tomavam chá e conversavam entre si, mas não me davam atenção. Quando eu batia na porta da minha cela, as prisioneiras batiam em suas fechaduras, o que significava "cale a boca". Era um tipo de tortura.

Quando você disse que a situação estava ruim e precisava de ajuda, não lhe deram atenção?
Toda vez que eu dizia que estava com fome e pedia pão e queijo, não respondiam. Quando eu só queria sair da cela por alguns minutos, também não respondiam.

Como você passava o tempo na cela?
Eu não conseguia me exercitar nem fazer nada. A indignação era tanta que não conseguia andar. Ficava sussurrando para Deus me ajudar. Não sabia o que fazer. Lia constantemente um exemplar do Alcorão que havia na cela. A atmosfera era assustadora. Não conseguia nem mesmo olhar em volta. Havia uma barra de aço soldada no chão, a dez centímetros da parede, e aquilo me incomodava. Eu não sabia o que era até que outras prisioneiras trazidas para lá disseram que era usada para punir prisioneiros que logo seriam executados. Eles os amarravam àquela barra. Era aterrorizante, e fiquei petrificada. Pensei nas muitas pessoas que haviam passado sua última noite ali amarradas. Achei que pudesse ouvir suas vozes. Não havia nada na cela além de uma latrina, um balde, dois cobertores, um Alcorão e um exemplar do *Mafatih al-Jinan*.

Como você se sentia quando podia falar com Gisoo pelo telefone?
As ligações telefônicas eram muito curtas. Qual efeito poderia ter uma ligação de três minutos? Eu queria falar por muito mais tempo com Gisoo, mas não me deixavam. Ficava arrasada e não conseguia acreditar.

Ligar para a família, tomar banho, comer etc. — essas coisas mudavam seu estado mental e emocional?

Não, essas coisas não me traziam alegria nem me afetavam de forma alguma.

O que os interrogadores estavam procurando exatamente?

Eles tentavam me induzir a dizer algo que não existia. Diziam que tinham provas ultrassecretas de que eu trabalhava para o Parlamento britânico contra o Irã.

Eu tinha certeza de que não era esse o caso, mas eles repetiram tanto que duvidava de mim mesma quando voltava para a cela. Ficava me perguntando, por exemplo, se tivera alguma conversa sobre o Irã quando eu estava no Ministério das Relações Exteriores britânico. Meus projetos de trabalho eram basicamente para outros países. Passava longas horas na cela remoendo se os projetos em que eu havia trabalhado tinham a ver com o Irã. Então, dizia a mim mesma que tinha cem por cento de certeza de que meus projetos não tinham nada a ver com o Irã, mas depois de cada interrogatório eu rememorava esses casos repetidas vezes. Apesar da minha certeza, duvidava de mim mesma por causa da insistência dos interrogadores e tornava a repensar tudo.

Por muito tempo, não me lembrava das coisas com clareza. Passava horas pensando, mas não conseguia me lembrar nem mesmo de tarefas simples e cotidianas. Não conseguia me lembrar dos nomes dos projetos nos quais eu trabalhava todos os dias. Conhecia os nomes das pessoas que eles mencionavam, mas não recordava quem eram. Era interrogada durante horas sobre questões comuns e não problemáticas nas quais eu havia trabalhado por muito tempo. Lidei com essas questões em Kerman ao longo de quarenta e cinco dias na cela de quarentena e dezoito dias na ala pública.

A verdade é que nenhum dos problemas alegados pelos interrogadores realmente existiu. Não havia nenhum grande problema, mas fui interrogada em vão por horas e dias sem fim.

O que aconteceu depois dos sessenta dias em Kerman? Você foi novamente transferida para o confinamento solitário?
Fui transferida para Teerã em 7 de junho de 2016. Disseram-me que eu seria libertada. Liguei para minha mãe e lhe disse que não confiava nos interrogadores. Disse que talvez eles não me libertassem, apenas me transferissem para outra prisão.

Em Kerman, fui levada a um prédio que pertencia ao CGRI. Entramos em uma sala com uma fileira de cadeiras ao redor. Notei uma câmera de vídeo. Era para eu ser transferida. Perguntei: "Por que me trouxeram aqui?". Responderam que alguém estava vindo me ver. Serviram um almoço substancioso e sofisticado, mas eu disse que não comeria. A câmera estava ligada para me filmar comendo uma refeição farta. Durante a quarentena, às vezes não me davam nem pão e queijo. Lembro que naquele dia fiquei com raiva e involuntariamente gritei: "Vocês são todos iguais!". Um deles também gritou comigo. Insisti para que chamassem meu interrogador, para que eu pudesse falar com ele. Pedi que desligassem a câmera, mas não o fizeram. Por fim, fui transferida para Teerã, para outra ala da Guarda Revolucionária chamada 2A.

Fui levada de avião para Teerã, e, ao chegar lá, percorremos de carro parte do caminho até o presídio. Trocamos de veículo, e pedi ao motorista que me deixasse ao menos ligar para minha mãe e dizer que não voltaria para casa. No entanto, ele me falou que eu tinha de ficar com eles naquela noite, para que o juiz de plantão no tribunal pudesse conversar comigo, e então eu seria libertada. Falei com o interrogador de Teerã pelo telefone: "Quem disse que você está livre? Você só foi transferida de Kerman para Teerã".

Pediram que eu informasse o número da minha família para que eles mesmos ligassem para meus pais, mas não o fizeram. Sete dias depois, telefonei para minha família e contei que estava em Teerã.

Para onde você foi?

Fui levada para a ala de segurança 2A, que pertence à Guarda Revolucionária. A cela era menor e não tinha janelas. Havia uma luz branca no teto. O banheiro ficava dentro da cela e era acarpetado. Eu tinha três cobertores. Quando estava em Kerman, sentia uma saudade estranha de casa, mas em Teerã não me sentia assim. Sentia que Teerã era minha cidade, pois era onde minha família morava.

Você passava algum tempo ao ar livre?

Duas vezes por dia, de manhã e à noite, por meia hora.

Como eram as ligações telefônicas e os encontros com a família?

Nos primeiros dias, não recebi ligações telefônicas. Fiz uma chamada quando estava sendo transferida para Teerã, dois meses depois de ter sido presa. No domingo após minha transferência para Teerã, o sr. Hajiloo, assistente do promotor, foi à minha cela e me deixou telefonar para minha família. Eu me apresentei a ele, que então me perguntou sobre todo o processo, fez anotações detalhadas e indagou se eu tinha estado com minha filha. Duas horas depois, ele me permitiu fazer uma ligação telefônica e marcou um horário para eu encontrar minha família no dia seguinte. Foi permitido que eles me visitassem a cada duas semanas.

Como foi seu primeiro encontro com Gisoo e seus pais?

Oito dias depois de chegar a Teerã e me encontrar com o sr. Hajiloo, tive permissão para ver Gisoo. Nosso segundo encontro ocorreu no septuagésimo dia de minha detenção e foi melhor que o primeiro, por ter sido em Teerã. A prisão de Kerman era muito difícil, e lá eu me sentia amargurada. Minha família havia percorrido toda aquela distância, com muito custo, apenas para que minha filhinha me visse. Tudo isso me causava muita preocupação.

No encontro em Teerã, minha mãe me trouxe frutas. Ela havia preparado comida para mim. Comer a refeição preparada por minha mãe foi muito bom depois de todo aquele tempo. A sala de reunião tinha carpete. Nos encontros, Gisoo trazia brinquedos e brincávamos juntas. Essa atmosfera familiar sincera era muito boa. Gisoo aceitou o fato de sua mãe morar em um quarto e disse isso várias vezes. Ela chorava quando tinha de ir embora, e eu ficava muito chateada. Quando voltava para a cela, sentia o cheiro da minha filha em meu corpo, o que era doloroso. Quando me pedia para encontrá-la na casa da vovó, eu não sabia o que dizer. Eu ficava exasperada. Toda vez que ela se despedia chorando, eu me desesperava. Os interrogadores estavam presentes na sala de reunião. Ao me despedir, eu queria ir em frente e amarrar os sapatos dela, mas não permitiam e eu precisava deixá-la.

Como era a atmosfera da cela?
Quando fui levada para a ala 2A, havia muitas mulheres presas por trabalho sexual, e dividi a cela com elas algumas vezes. Não tínhamos TV nos primeiros dez dias, mas depois nos deram uma. No início, eu não tinha acesso a livros e jornais, mas cerca de dois meses e meio depois pude receber exemplares enviados por meus amigos por intermédio da minha família. Era ótimo recebê-los. A ideia de que meus amigos e Rebecca, minha cunhada, tivessem me enviado livros me acalentava. Inicialmente, não me disponibilizavam jornais. Mas, quando restavam apenas algumas de nós na ala 2A e passei a dividir a cela com Homa,[1] via muitos jornais ali. Depois de algum tempo, passaram a entregar um jornal todos os dias, a menos que houvesse notícias importantes que não quisessem que soubéssemos.

---

[1] Homa Hoodfar é uma antropóloga iraniana-canadense que pesquisa mulheres muçulmanas e o véu. Foi detida no Irã em 2016 por mais de cem dias.

Como era a situação alimentar na 2A?

A qualidade da comida era péssima, com exceção do Ramadã, quando as refeições eram boas. Durante alguns meses, eu não podia comprar nada e tinha de comer o que me davam. Algumas das prisioneiras podiam fazer uma lista de compras para encomendar. Por exemplo, pediam biscoitos, tâmaras, leite etc., mas por cinco meses não pude fazer uma lista de compras. Comia tahine e pão com frequência. Às vezes eu chorava: "Deus, você me aprisionou, pelo menos me dê comida boa!". Chorava de fome. A comida dos guardas era diferente da nossa e de melhor qualidade. Fiz greve de fome: só bebia água e leite. Uma vez comi uma tâmara e um biscoito digestivo. Como eu estava muito doente, deixaram minha família me visitar no sexto dia. Minha mãe sentiu-se mal de repente e desmaiou. O coração de Gisoo batia como as asas de um pardal enquanto ela ficava dizendo: "A vovó caiu". Eles nos expulsaram da sala de reunião, me trouxeram uma tigela de caldo e disseram: "Você não sairá até tomar esse caldo". Não obedeci. Mas meus pais insistiram para que eu me alimentasse, e vi que minha mãe estava piorando. Então tomei o caldo. O interrogador prometeu resolver o problema da comida. Naquela época, Afarin[2] e eu éramos as únicas na ala 2A, e o interrogador prometeu que ficaríamos juntas. Na manhã seguinte, ela foi levada à minha cela. Também me levaram comida. Isso promoveu uma ligeira melhora em nossa alimentação.

Como era seu tratamento médico?

Não recebemos nenhum tratamento médico. Minha mão direita estava dormente havia tempos, e meu pescoço doía muito — não conseguia girá-lo para a esquerda ou para a direita. Eu estava exausta. Ficava tão cansada depois de apenas alguns minutos de caminhada que não conseguia

---

2 Afarin Neyssari é uma arquiteta iraniana-americana. Por dois anos, ela e o marido ficaram detidos em Evin sem julgamento, sendo soltos em 2018.

continuar. Meu coração palpitava muito forte. Sentia náuseas, e me davam antieméticos regularmente, mas não tinham nenhum cuidado especial comigo. Disseram que era um vírus e que eu precisava descansar e beber água fervida.

O que aconteceu com sua deficiência de ferro e de vitamina D?
O médico do centro de saúde do presídio receitou comprimidos para suplementar o ferro. Eu estava com queda de cabelo. Pedi que minha família me trouxesse os comprimidos, mas os interrogadores não deixaram. Eles mesmos forneceram.

Por quanto tempo ficou sem se ver no espelho? Como reagiu ao ver seu rosto?
Não me vi na cela de quarentena de Kerman por quarenta e cinco dias. Vi minha aparência no espelho da ala pública e lembro como isso me deixou triste e emocionada. Na 2A não havia espelho, então não podia ver meu reflexo.

Depois de cinco meses, uma das minhas colegas de quarto queria aparar as sobrancelhas e pediu um espelho. Foi então que me olhei. Algumas coisas eram muito irritantes, como o fato de não saber como estava sua aparência, ou como seu rosto tinha ficado diferente. Você não conseguia se lembrar de como era sua aparência antes e de como estava diferente agora. Era uma sensação estranha. Havia outra coisa que me irritava muito: durante todos aqueles nove meses, bebia chá em um copo de plástico. Comia sem garfo, só com uma colher de plástico. Comer com utensílios de plástico incomodava muito.

Você chegou a dormir melhor?
Nunca. Eu não dormia. E, se dormia, era como se não tivesse descansado. Não havia um lugar adequado para dormir. Colocava um cobertor militar sob a cabeça no lugar de um travesseiro, me deitava sobre outro e me cobria com um terceiro.

Como eram suas roupas na cela?

Desde o início, eles pegaram minhas roupas na 2A e me deram um casaco rosa largo e uma calça feita de TNT. Quando queríamos sair da cela, usávamos xador, máscara e a venda nos olhos.

Como era a atmosfera durante os interrogatórios na 2A?

Em Teerã, fui interrogada por um jovem que sabia inglês e às vezes falava nesse idioma comigo. Ele sabia que eu adorava tâmaras e Nescafé. Às vezes, me mandava comida. Em geral, a atitude dos interrogadores era melhor em Teerã. Mas uma vez, durante o interrogatório, um deles quis divagar. Começou a fazer perguntas sobre sites pornográficos e sobre Richard — perguntas que não tinham nada a ver com meu caso e às quais eu não me sentia à vontade para responder. Eu era frequentemente interrogada em uma sala escura. Havia um painel de vidro espelhado na minha frente, quando eu me sentava. Os interrogadores ficavam atrás desse vidro. Do lado dos interrogadores, havia também uma janela voltada para o terraço, destinada aos fumantes. Eu não podia vê-los, apenas ouvia suas vozes. Do meu lado, havia uma cadeira de escritório e uma escrivaninha.

Essa atmosfera a incomodava?

Não é agradável falar com alguém a quem não se pode ver, mas o fato é que eu me sentia confortável em não ver o rosto dos interrogadores. Em Kerman, me incomodava vê-los.

Durante os interrogatórios naquele ambiente, eu preferia não ver o interrogador. Vê-lo era angustiante. Era uma sensação estranha que eu não conseguia explicar. O interrogador mais velho em Teerã não permitia que eu ligasse para Richard, mas o mais novo, sim. E então ele começou a fazer perguntas inadequadas e irrelevantes. Naquela época, quando tentou me dar algumas das coisas que eu desejava, como Nescafé, achei que me entendia.

Como você se sentia na cela na 2A?

Sentia muita falta da Gisoo e me deprimia. Mas o fato é que me sentia melhor por estar em Teerã. De vez em quando, eu conversava com Richard por meia hora e via Gisoo com mais frequência, mas isso me fazia sentir ainda mais falta dela. O interrogador gostava da minha filha e queria abraçá-la. Certa vez, quando ele abraçou Gisoo durante o encontro, tive vontade de tirar minha filha dos braços daquele homem e bater nele. Eu passava por um período difícil. Não dá para descrever. Tive muitos altos e baixos. Perto do meu aniversário, quando me deixaram sair para tomar um pouco de ar fresco, caminhei e conversei com Deus. Eu dizia: "Deus, deixe-me ir, Deus me perdoe", e assim por diante. Meus pensamentos não estavam sob meu controle. Era como se eu não estivesse sozinha. Era como se fizesse coisas que eu sabia que não poderia fazer. Muitas vezes eu falava alto e recitava orações. Mesmo sabendo que não seria libertada, eu esperava que não durasse muito. Um dia, disseram a Afarin para fazer as malas e ir embora. Eu me senti muito mal. Meu coração disparou. Ficar sozinha era muito difícil. Daquela noite em diante, algumas vezes deixaram a porta da cela aberta. As agentes disseram que sabiam que eu era inocente. Eu sabia que elas entendiam que eu me sentia sozinha. Às vezes, me davam sua própria comida. Tarde da noite, às vezes uma delas conversava comigo por horas. Eu sentia que tinham pena de mim, mas no final do dia eu estava sozinha, mesmo com essas pessoas por perto.

MAHVASH SHAHRIARI

Mahvash Shahriari nasceu em 1953 no distrito de Zavareh, condado de Ardestan, província de Isfahan. Quando tinha dez anos, sua família mudou-se para Teerã. Depois de terminar o ensino médio, cursou Pedagogia e lecionou em escolas nacionais. Mais tarde, ingressou no Ministério da Educação e trabalhou como professora e diretora de escola em áreas carentes e nos subúrbios do sul de Teerã. Após a Revolução de 1979 e a Revolução Cultural de 1980- -1983, Mahvash foi expulsa do Ministério da Educação porque sua crença religiosa correspondia ao que o governo chamava de "seita errante bahá'í" e por isso não pôde mais ocupar cargos em nenhuma organização governamental. Mahvash também foi impedida de continuar seus estudos universitários e ficou em casa por algum tempo. Paralelamente, o trabalho e a propriedade de seu marido foram confiscados pelo governo. Mais tarde, Mahvash engajou-se em serviços educacionais voltados para a comunidade bahaísta do Irã e foi cofundadora do instituto de educação superior bahaísta, criado para compensar, até certo ponto, a privação educacional da juventude seguidora dessa fé, sobretudo o impedimento de frequentar a universidade. Em 2006, ingressou no Yaran [Amigos], comitê dedicado a cuidar da comunidade bahaísta no país. Mahvash foi a secretária do grupo até ser presa, em 5 de março de 2008, e condenada a vinte anos de prisão. Em 18 de setembro de 2017, foi libertada por conta de uma revisão do código penal realizada em 2013 que estipula que os tribunais podem aplicar somente as penas mais severas atribuídas a um prisioneiro, em vez de penas múltiplas e semelhantes para crimes relacionados. Na prisão, Mahvash escrevia poemas que eram secretamente entregues aos familiares durante as visitas. Assim, em 2013 foi publicado um volume com essa produção, *Prison Poems* [Poemas de prisão], traduzido para vários idiomas. Em 2017, venceu o Prêmio Internacional Pinter Escritor de Coragem pela PEN International. Em meio a um ataque generalizado contra os membros da comunidade bahaísta, Mahvash foi presa novamente em 31 de julho de 2022 sob a acusação de espionagem; em 21 de novembro de 2023, recebeu a sentença para cumprir mais dez anos na prisão.

Quando foi sua primeira experiência em uma cela solitária?
Em 25 de maio de 2005, dia do casamento de minha filha, seis agentes da inteligência invadiram nossa casa às seis horas da manhã. Depois de revistar o imóvel por cerca de cinco ou seis horas, além de recolher e levar vários livros, meus escritos e qualquer coisa que pudesse ser interpretada como um símbolo de nossa religião, eles me prenderam e me transferiram para a ala 209 de Evin. Durante os trinta e quatro dias seguintes, fiquei em confinamento solitário.

Você não recebeu uma sentença durante esse período?
Não, fui libertada sob fiança.

Você continuou seu trabalho no instituto educacional bahaísta após sua prisão?
Sim, é claro, continuei até sair do Yaran.

Depois de sua segunda prisão, você foi colocada em confinamento solitário?

Sim, em 5 de março de 2008, após um telefonema, viajei para Mashhad para responder a algumas perguntas feitas pelo Escritório de Inteligência de Khorasan Razavi. Pediram-me para ir ao Tribunal Revolucionário de Mashhad, mas, assim que cheguei, fui presa por agentes desconhecidos, tive os olhos vendados e fui levada para outro lugar. Houve um interrogatório apressado e me levaram ao Tribunal Revolucionário à noite, onde fui acusada de uma questão menor. Na mesma audiência, o juiz estabeleceu uma fiança de dez milhões de tomans[1] e disse que eu poderia ser libertada imediatamente mediante esse pagamento, mas por cerca de três meses impediram que minha família fosse informada sobre o valor a ser pago, e eu não tinha sequer permissão para ligar para informá-la.

Estive cerca de três meses em detenção rigorosa, com interrogatórios longos e intensos. Fiquei na cela de confinamento solitário na prisão de Vakilabad [oficialmente, Prisão Central de Mashhad], chamada de *sagduni*;[2] na cela de quarentena; e na ala comum para punição de crimes internos, que era separada da área principal do presídio. Ninguém ali tinha permissão para entrar em contato com os outros prisioneiros. O confinamento solitário prolongado e os interrogatórios intensos — além do fato de estar longe e sem contato com meus familiares e de ouvir constantemente ameaças a minha comunidade e minha família — me causaram vários danos. Tive problemas respiratórios, palpitações, insônia e inquietação. Ser privada de encontrar minha família e do direito de fazer ligações telefônicas, que normalmente são permitidas na ala 209, fez com que a situação ficasse ainda mais difícil para mim. Uma das táticas para me desmoralizar foi me levar ao Tribunal Revolucionário duas vezes, junto com muitos prisioneiros acorrentados. Para

---

1 Um toman [unidade monetária alternativa] equivale a dez rials [moeda oficial do Irã]. Dez milhões de tomans correspondiam aproximadamente a doze mil reais.

2 O termo *sagduni* corresponde a um lugar onde se deixam cachorros, mas não necessariamente um canil. É uma palavra usada para humilhar os prisioneiros.

piorar, a polícia nos maltratou, sobretudo a mim. Os interrogatórios, por outro lado, não envolveram nenhuma acusação contra mim, exceto no primeiro dia. Dessa forma, prolongaram minha detenção, apesar de sua ilegalidade.

Qual foi a parte mais difícil do confinamento solitário para você?
Os interrogatórios inescrupulosos que não se limitavam a regras e regulamentos e abrangiam assuntos pessoais e públicos de nossa comunidade e o fato de me sentir desamparada em uma cidade distante de minha família. Estava completamente sozinha. Não havia detentas nessa ala. Não havia uma agente feminina, e, por isso, às vezes me mandavam para as partes isoladas de Vakilabad durante os feriados religiosos. Devo dizer que esse tipo de solidão era tão difícil que eu preferia a *sagduni* à área comum, porque estaria em um ambiente com outras mulheres por perto.

Como terminou a detenção em Mashhad?
Depois de oitenta e dois dias, fui finalmente transferida para Teerã com dois agentes da inteligência. De imediato, fui levada ao Tribunal Revolucionário, onde o juiz me apresentou novas acusações e prorrogou minha detenção por quinze dias. Dessa vez, fui presa como secretária do Yaran, e essa detenção durou dez anos.

Como e onde você passou a primeira noite em Mashhad?
Era meia-noite quando voltei do Tribunal Revolucionário de Mashhad para Vakilabad e, após um longo procedimento de admissão, fui enviada para a quarentena.

Como foi essa experiência?
Foi muito dolorosa e inacreditável, porque eu não esperava passar por isso e desconhecia o que seria: uma sala pequena com três beliches, o advogado da ala e mais duas pessoas.

Saímos dessa sala e entramos no salão principal com, acho, dez treliches lotados e muitas pessoas no chão. Eu estava jejuando, sentia muito cansaço e frio. Ninguém me deu um cobertor ou qualquer outra coisa, e não me disseram onde dormir ou o que fazer. Fiquei tremendo na entrada. Várias pessoas me olhavam com espanto, mas fiquei parada, pensando no que fazer. Uma mulher estava deitada no chão com um cobertor muito sujo sobre ela. Eu me sentei em silêncio. Meu pé ficou rígido por causa do frio. Pensei em deslizar delicadamente a ponta dos dedos sob o cobertor da mulher, mas ela percebeu e o puxou. Em resumo, não dormi naquela noite, fiquei tremendo enquanto esperava pelo amanhecer.

Era bem cedo quando me chamaram. Os mesmos dois agentes vieram; ficaram me esperando, pegaram suas armas e saímos. Tendo os olhos vendados, senti que percorremos um longo caminho. Fui levada para a cela anterior e, em seguida, imediatamente conduzida para a sala de interrogatório por um idoso que atendia aquela ala. O interrogatório durou até o anoitecer, e voltei para a quarentena da ala pública na mesma noite. Demoraram tanto tempo para me transferir que fiquei com fome, mas não me deixaram comer nada.

Você mencionou um lugar chamado sagduni. *Onde ficava e como era?*

Essa cela também era em Vakilabad. Na área onde ficavam os banheiros e chuveiros coletivos havia uma portinha baixa com uma espécie de vitrô. Dali, entrávamos em um pequeno corredor com duas ou três celas. Eles me levaram para uma cela muito pequena e suja, malcheirosa. Não tinha luz natural e havia uma latrina descoberta no canto, repleta de besouros vivos e mortos. O teto era baixo, e uma quina havia desabado. Quando abriram as correntes e os cadeados para me conduzirem para dentro, várias jovens correram atrás dos oficiais, e cada uma delas me perguntou: "Do que você precisa, prisioneira?".

Duas delas arrastaram um tapete preto da cela ao lado daquela reservada para mim. Outra moça jogou ali uma revista velha. Deram-me dois cobertores sujos, uma garrafa de água fervida e um pouco de chá seco. Também colocaram alguns cubos de açúcar na minha mão.

Fiquei tão chocada que não soube como reagir. Eu me perguntava quantos dias teria de ficar lá e como sobreviveria.

Eu estava cansada, com fome e frio. O lugar era abafado, difícil respirar ali. O mau cheiro do banheiro, o cansaço e a ansiedade dos interrogatórios, a incerteza e os longos processos de transferência colaboraram para intensificar a pressão física e mental. Quando os policiais e as moças saíram, eu queria sentar, me aquecer e tomar um chá. Eu já havia colocado alguns cubos de açúcar na boca quando ouvi gemidos e gritos vindos de outra cela. Uma mulher estava lá e havia percebido a minha chegada, alguém na mesma situação dolorosa que a dela. Ela estava chorando. Chorava e xingava. Ela me implorou: "Dê-me qualquer coisa que você tenha, um analgésico, um cigarro". Conversei com ela e tentei acalmá-la. Através do vitrô, do outro lado da porta, as moças gentis nos observavam e gritavam: "Ei, você aí na cela solitária! O que precisa que a gente lhe traga pela manhã?". "Livros e revistas", eu disse, "o que tiverem".

Eu não sabia que a cela não tinha luz suficiente para ler nem ar suficiente para respirar.

No início, eu não sabia como dormir no chão ao lado daquela latrina imunda, naquele carpete sujo e sob aqueles cobertores velhos e fedorentos. A intensidade do frio e a fadiga me fizeram aceitar a situação, então sentei no carpete. Bebi um pouco do chá da garrafa. Fiquei então aquecida e, enquanto me acalmava, a lembrança das masmorras de Teerã na época de Bahá'u'lláh [fundador do baháísmo] aumentou minha força. Senti-me como se estivesse na masmorra onde, havia muito tempo, Bahá'u'lláh ficara na lama e acorrentado por um longo período. Parecia que tudo o que eu havia lido na história dele acontecia diante de meus olhos, inspirando-me e fortalecendo-me espiritualmente. Puxei o cobertor sobre mim, coloquei a garrafa já fria de lado e dormi de costas para a latrina fedorenta. Foi nesse momento que uma verdade me foi revelada. Disse a mim mesma que eles queriam me humilhar e me degradar me tratando desse jeito, mas eu não permitiria. Disse a mim mesma que aquela era uma experiência espiritual. Lembrei-me do aforismo de Nietzsche: "O que não me mata me fortalece".

Decidi voltar para casa mais forte. Na manhã seguinte, bem cedo, as portas se abriram com o barulho de cadeados e correntes, e fui entregue aos oficiais para os procedimentos administrativos e uma viagem relativamente longa, então mais uma vez fui levada para um interrogatório.

Conte-nos sobre os interrogatórios.

O interrogatório, longo e detalhado, continuou pela manhã e foi até a noite. Fiz o possível para responder apenas às perguntas relacionadas às minhas acusações. As que não tinham nada a ver com elas, não respondi ou o fiz de maneira incompleta e incompreensível. Eu me opus à venda nos olhos. Deixaram-me sentada em uma cadeira por horas a fio e foram embora. A venda fornecida era muito grossa e ampla, de modo que eu não conseguia nem ver o chão sob meus pés, e o carceireiro velho ficava me dizendo: "Cuidado para não cair".

Você também experimentou outros tipos de cela?

Sim. Depois do *sagduni*, fui transferida para uma cela relativamente maior, com alguns cobertores no canto, formando uma espécie de colchão. Havia um tapete cor de creme no chão. Apenas o chuveiro era separado da cela por uma porta, de modo que o cheiro desagradável do vaso sanitário chegava até lá. A primeira coisa que fiz foi lavar tudo. Mas, infelizmente, o cheiro forte não passou.

Havia uma abertura na parede, logo abaixo do teto, que iluminava a cela.

Essa abertura não era visível, e a iluminação, muito fraca, mas, ao amanhecer, ouvia o canto de um pássaro, algo que realmente apreciava. Era um sinal de vida. Nos três primeiros dias, minha transferência foi organizada de forma que não consegui nem almoçar, nem jantar. Uma noite, quando finalmente voltei à área de quarentena e ocupei o último treliche do recinto, vi um pedaço de pão seco na cama, perto de um tubo da estrutura da cama. Eu estava com tanta fome que o peguei, olhei para ele com hesitação, deitei, comi e me senti um pouco melhor. Era uma noite fria, e eu não conseguia parar de tremer. Finalmente me ocorreu puxar o pesado tapete do chão sobre mim. Mas então vi que havia uma abertura no teto logo na direção da minha cabeça e o vento entrava por ali. Eu não podia fazer nada. Achei que fosse congelar.

Como era estar em confinamento solitário?

Uma cela de confinamento solitário não é apenas pequena, apertada, escura e sem vida. Durante esse período, a pressão sobre a pessoa aumenta constantemente, com interrogatórios pesados e intensos, ameaças, insultos, sensação de perigo iminente para sua família e outras pessoas, ausência de informações sobre seus entes queridos ou sobre planos que o regime tenha para você, seus familiares e sua comunidade. Você toma decisões importantes a cada pergunta que precisa responder. Além disso, eles estão constantemente blefando, xingando, gritando e mentindo para desgastar a pessoa e fazer com que ela se torne mais obediente.

O confinamento prolongado na solitária tem sérios desgastes físicos e psicológicos. O isolamento gradualmente entorpece os sentidos e perturba o equilíbrio mental. Você não pode fazer planos, e isso se combina a pensamentos confusos e às vezes intrusivos e à ausência de estímulos sensoriais como luz, cor, som, aromas agradáveis, toque e até mesmo um simples olhar neutro. Há também o sono sem qualidade, a insônia e a perda de peso por causa da precariedade da alimentação que recebe. Perdi cerca de vinte quilos em poucos meses.

Quais foram as ameaças que recebeu?
A mais difícil ocorreu quando o interrogador disse que meu filho ia a Mashhad duas vezes por semana e que isso era perigoso porque poderia ocorrer um acidente no caminho; ou quando disse que meu marido não vinha a Mashhad porque, se viesse, seria preso e executado imediatamente por apostasia. "Você não vai sair daqui viva", eram ameaças desse tipo que eu recebia do interrogador.

Eu acreditava nelas, é claro, na ala 209, quando o caso era completamente diferente e a acusação era a pena de morte; aquilo não era apenas mais uma ameaça. Ele também disse que o sr. Tavakoli — outro membro do Yaran — estava ali em uma cela, o que era mentira. "Seu pobre marido está no hospital", dizia. "Ele já estava doente? Não queríamos que fosse sua despedida." Eu acreditava que algo ruim havia acontecido ao meu marido. E isso era de fato perturbador, dada a total falta de informações sobre minha família e meus colegas.

Como era a comida?
Talvez a qualidade da comida não fosse ruim, mas ela não podia ser consumida por outros motivos. Quando eu estava na cela, podia ouvir as rodas de ferro do carrinho de refeições. Eu me levantava e caminhava até a porta para pegar a tigela de alumínio desgastada e quebrada das mãos do carcereiro velho, que a entregava pela portinhola na parte inferior da porta. O chá era servido em uma velha xícara vermelha de plástico — a bebida recendia a esse material. Eu ficava frustrada com o comportamento desrespeitoso dos guardas, e a maior parte da minha refeição permanecia intocada. Foi por isso que perdi tanto

peso. Acho que fiquei doente porque tremia com frequência e, à noite, suava a ponto de precisar trocar o cobertor. Eu tomava banho todas as noites para me sentir um pouco melhor. Lavava minhas roupas sempre que possível e as estendia no chão sobre meu xador para secar.

Você era levada para tomar ar fresco?
Era muito rápido. Se os interrogadores achassem conveniente, eu era levada por alguns minutos. Eu podia dar apenas três passos, mas pelo menos o ar não era tão pútrido quanto na cela.

Você disse que não havia uma agente feminina. Você não ficava incomodada com isso?
Claro que ficava incomodada. Eu não me sentia segura porque a cela só abria pelo lado de fora. Quando o velho abria a porta de repente, eu dava um pulo e reclamava. Enquanto eu estava na cela, às vezes uma jovem que, pelo visto, era funcionária entrava apressadamente e depois saía. Houve noites em que uma idosa vinha e dormia atrás da porta, no corredor. Ela me disse que era uma agente penitenciária aposentada e lhe haviam pedido para vir à noite cuidar de mim. Disse que só vinha por causa de Deus. Nos primeiros dias, eu estava jejuando e contei a ela. Era uma mulher bondosa. Durante o interrogatório, ela me trazia uma xícara de chá quando era hora do *iftar*.[3] O interrogador não disse nada no primeiro dia, mas no segundo protestou: "O que é isso?". "Esta mulher está jejuando", respondeu ela. "É hora do *iftar*." O interrogador não permitiu, e ouvi a gentil idosa dizer: "Eu vim em nome de Deus, não em seu nome...".

Eu não me sentia bem. Não confiava neles, e essa foi provavelmente uma das causas da péssima qualidade do meu sono em Mashhad. A tudo isso, devo acrescentar a

---

3 *Iftar* é a refeição com a qual muçulmanos quebram o jejum no Ramadã.

saudade de casa. Em Mashhad, eu me sentia tão longe da minha família, da minha casa e da minha cidade!

O que você fazia sozinha no confinamento solitário?
Eu limpava o banheiro e o tapete da cela e tomava banho. Fazia orações e súplicas por um longo tempo. Andava pelo cômodo várias vezes e recitava em voz alta os poemas e textos que havia memorizado. Lembro-me de fazer um cronograma de pensamentos. Por exemplo, pensava em meus interrogatórios e até fazia algumas reflexões sobre eles. Pensava em minha casa e em minha família. Pensava em meus colegas, em meus amigos e assim por diante. Tentava evitar pensar em coisas perturbadoras para não perder o controle.

Conversar com o guarda, mesmo que brevemente, era bom para mim. Eu precisava de alguém para conversar. Lembro até que disse a mim mesma para encarar isso como se estivesse dando uma aula. Ensinei uma matéria do curso de administração. Praticava para manter a mente ativa.

Você pode nos contar sobre as complicações causadas pelo confinamento solitário?
Os seres humanos são seres sociais — em outras palavras, animais falantes. Ou seja, a comunicação social é uma necessidade humana natural. Enfrentei as seguintes complicações: medo de um ambiente fechado, medo de colocar em risco os interesses de uma comunidade oprimida, medo dos perigos que minha família e outras pessoas poderiam enfrentar, medo de instigar uma onda de agressão e ataques à comunidade, medo de prolongar o período de detenção, fraqueza física, perda contínua de peso, insônia e sono sem qualidade, porque ficava repassando mentalmente as perguntas, o comportamento do interrogador e minhas próprias respostas e pensando em uma nova estratégia. Gostaria de reforçar que viver em um ambiente desconhecido em absoluto silêncio, um ambiente que,

independentemente de quão familiar se torne, é de hostilidade e conflito, e saber que é prisioneira de um sistema que não aceita nada menos do que sua morte e a morte de sua tão amada comunidade, tudo isso leva a consequências muito destrutivas para a alma e o corpo.

Como a ala comum se compara à ala de inteligência em Mashhad?
Nunca fiquei solta na ala comum de Mashhad, era mantida em confinamento solitário, mas ainda assim preferia estar ali e esperei ser transferida. Embora minha primeira experiência tenha sido na companhia de vários assassinos, ladrões e criminosos, na prática percebi que não os temia. Eles eram muito compassivos, esperavam por mim e me perguntavam como eu estava quando cheguei, explicando minha situação e me confortando. Em minha presença, eram respeitosos e não se comportavam de forma inadequada. Pensei que nunca havia sonhado em ter a companhia de tais pessoas antes, muito menos que ficaria ansiosa para vê-las. Mas eu esperava ansiosamente por vê-las.

Quando terminaram os interrogatórios?
Fui interrogada até um ou dois dias antes de minha transferência para Teerã.

Como você foi levada para lá?
Em uma manhã, finalmente me chamaram e disseram que eu estava sendo transferida para Evin. Disseram que haviam tirado dinheiro de minha bolsa para comprar uma passagem de avião. Fui transferida para Teerã com dois agentes da inteligência. Eles me entregaram a dois outros agentes com dois envelopes, nos quais obviamente constavam meu arquivo.

Como se sentiu em Teerã?
Eu flutuava de felicidade. Era como se tivesse voltado

para casa e sido libertada. Estava tão feliz que conversei com o motorista, um homem jovem e bem-humorado, durante todo o trajeto até o Tribunal Revolucionário e, de lá, até a prisão.

Um homem estava sentado ao meu lado no banco de trás, escrevendo rapidamente. Achei que estivesse anotando o que eu dizia e me perguntei por que não gravava. Talvez ele tenha gravado.

Para onde a levaram?
Para a ala 209 da prisão de Evin.

O que aconteceu lá?
Após o processo normal de admissão, fui transferida para a cela 215, a menor do corredor 2. Era tão pequena que eu achava que seria impossível respirar e viver em um lugar como aquele. Tinha pouca luz. Havia um exaustor no teto, e, em frente a ele, um ar-condicionado grande e barulhento, além de uma pequena pia e um pequeno vaso sanitário, ambos de aço, que não estavam em condições de uso.

Mas você ainda se sentia feliz por estar em Teerã?
Não mais. Sabe o que aconteceu? Quando eu estava atravessando o corredor, vi, por baixo da venda, um par de sapatos marrons atrás da porta da primeira cela. Reconheci-os. Eram os sapatos de Fariba.[4] Ah, tudo estava claro para mim agora; o propósito por trás dos maus-tratos e a razão pela qual o juiz da corte revolucionária em Teerã me perguntou se eu tinha ouvido falar do paradeiro de meus colegas. Meu coração murchou, e eu quis ter certeza. Sob o pretexto de ir ao banheiro, voltei ao corredor 1 e verifiquei os sapatos novamente. Sim, era ela: Fariba estava lá, o que significava que meus outros colegas também haviam sido

---

4 Fariba Kamalabadi pertencia ao Yaran e foi presa com outros seis membros do comitê em 2008. Ficou encarcerada por nove anos e meio. O pai dela também foi processado pelo Estado.

presos. Tudo tinha terminado, e eu sabia que eles haviam decidido aproveitar a oportunidade para acabar com nossa organização.

O que aconteceu depois?
Meus interrogatórios começaram no dia seguinte à minha chegada, em 28 de maio. Eu era acusada de ser secretária do Yaran e, como estava em Teerã, tive de responder também a outras perguntas.

Depois de todos os interrogatórios em Mashhad, o que ainda queriam de você? Eles estavam realmente procurando alguma coisa?
De modo algum. A primeira série de perguntas do interrogatório na 209 foi totalmente planejada e calculada. Na verdade, foi preparada apenas para provar alegações que eles haviam inventado. Em outras palavras, o objetivo era encontrar algo para usar como pretexto para que pudessem me acusar falsamente. Buscavam provar as acusações necessárias para obter uma sentença de morte. Por exemplo, queriam provar a acusação de que nossa organização tinha vínculos com países estrangeiros. Assim, os interrogadores anexaram cópias de nossa correspondência com a Casa Universal de Justiça, que é o Centro Internacional Bahá'í e não tem nada a ver com nenhum governo, e queriam que confessássemos que esses eram documentos comprobatórios de nossa cooperação com outros governos.

Vocês aceitaram essas alegações?
Claro que não. Nunca estivemos em contato com nenhum governo, mas sim com a Casa Universal de Justiça, somente em relação a assuntos referentes aos bahaístas do Irã, que são coisas bem diferentes. Eles queriam usar nossa correspondência com essa entidade, manipular a questão e usar a informação como desejassem.

Quanto tempo você ficou confinada na 209?

Dois anos e três meses. Fiquei na cela de confinamento solitário por um total de sete meses.

Qual era a diferença entre as celas de confinamento solitário na 209 e em Mashhad?

A cela de confinamento solitário na 209 de Evin era, sem dúvida, melhor. Lá eu me sentia mais próxima da minha família e sabia que meus colegas também estavam lá. Embora eu tivesse milhares de perguntas, todas sem resposta, parecia que eu não era mais a única pessoa responsável por nossa organização. E os interrogatórios eram diferentes. Ainda que eu tenha tido outro período de interrogatórios cheios de insultos e comportamento inescrupuloso, pelo menos a cela ficava em uma ala, e muitas pessoas estavam ao meu lado.

Você tinha permissão para fazer ligações telefônicas ou encontrar sua família?

Às vezes era permitido fazer uma breve ligação telefônica na presença do interrogador. Após o término do confinamento solitário, recebia visitas dos meus familiares, supervisionadas pelo interrogador, a cada quinze dias; depois de algum tempo podíamos nos encontrar regularmente.

Quais os efeitos físicos e psicológicos que o confinamento solitário teve em você?

Ainda é muito cedo para responder a essa pergunta porque ainda estou na prisão e não fui examinada por um médico, mas em Mashhad eu sofria de falta de ar e palpitações. Na ala 209, minha perda de peso continuou. Desenvolvi osteoporose avançada; fiquei com hiperlipidemia por causa da ansiedade. Também sofri de uma complicação mencionada com menos frequência: perda de memória.

Depois que meu período de interrogatório em três partes terminou, especialmente quando eu queria relembrar os interrogatórios e os eventos com Fariba, percebi que havia perdido o fio da meada e que minha memória ainda não fora restaurada. A inatividade naturalmente leva à depressão e ao esgotamento. Embora eu fizesse exercícios de manhã e à noite por até três horas todos os dias, eu não levava uma vida normal. Não tínhamos luz suficiente. Não tínhamos mobilidade suficiente. Não tínhamos frutas e legumes suficientes e, às vezes, não tínhamos nenhum. Nossa alimentação não era saudável nem em quantidade adequada. Não tínhamos uma cama adequada e durante anos dormimos sobre cobertores e tapetes militares, o que resultou em fadiga, escaras, dor e desgaste nas articulações pélvicas e nas costas. Além disso, a falta de comunicação necessária e de discussões rotineiras, especialmente para mim, que venho ensinando e aprendendo em instituições educacionais há muitos anos, causou sérios danos mentais e emocionais. Descrevi isso em meus poemas.

Houve algum outro dano emocional ou psicológico?

É claro que sim. Estar longe do meu marido e dos meus filhos, do meu pai, que era idoso e sempre vinha me visitar, da minha irmã, do meu irmão, que viajou durante anos para me visitar e teve de lidar com a ansiedade. Essas experiências não foram fáceis para mim. Eu nem sequer compreendia as dimensões desse isolamento e, infelizmente, anos depois, vi as complicações resultantes dele. Ser isolada da passagem do tempo, ser isolada da sociedade, ser removida do ciclo natural da vida e jogada em um canto fora de alcance é a definição de confinamento solitário.

Quando e como você descobriu os danos físicos e mentais?

Quando vi minha família em Teerã depois de quase sete meses, me senti estranha. Quando anunciaram que eu me encontraria com minha família, fiquei travada, e minha mente estava estagnada. Devo dizer que estava totalmente dispersa. Não sentia nada. Fui levada ao local, a sala de reunião dos advogados, que mais tarde foi alterado para o local onde as sentenças eram proferidas. O interrogador também estava lá, sentado perto das janelas altas que davam para a área arborizada da prisão. Também sentei. Olhei para o lado de fora enquanto usava um xador e chinelos masculinos de TNT grandes demais para mim. Eu não sentia nenhum entusiasmo ou alegria. Parecia que não tinha nenhuma ideia em minha cabeça. Minha mente estava sem pensamentos e sem emoções, quieta e estagnada. Contemplava as árvores altas, a grama verde e o caminho estreito à minha frente. Então vi alguns homens e mulheres vindo por lá. Fiquei olhando para eles, e o interrogador monitorou minhas reações. Quando se aproximaram, reconheci minha doce filha, Negar, que estava correndo em direção ao nosso prédio à frente de todos. Vi meu querido filho, Foroud, que tinha ido a Mashhad doze vezes em três meses. Meu marido estava com eles.

Havia algo em mim como uma barreira que impedia o fluxo de sentimentos e pensamentos. Cada sensação parecia suprimida. Nem meu coração, nem meu cérebro reagiram. Finalmente, eles chegaram. Abracei meu filho e sussurrei em seu ouvido pausada e calmamente: "Querido, não confie nesse juiz de Mashhad. Porque o juiz uma vez insinuou para mim que você poderia sofrer um 'acidente' no seu trajeto".

"Mamãe, Mashhad acabou", disse ele, "você não tem mais nada a ver com aquele lugar, e nunca mais irei a Mashhad".

Eu não sabia que havia um limite de tempo e que meu marido e minha filha estavam esperando. Lembro-me de não ter dito nada. Eu só queria tocá-los e ser tocada por eles e absorver seu perfume no fundo da minha alma e guardá-lo para o resto da vida. Mais tarde, eu me perguntaria o que havia acontecido comigo para que eu estivesse em tal estado. Posteriormente, tive outra experiência amarga. Após vários meses, fiquei doente e fui levada a um centro de saúde fora da 209, o principal centro de saúde da prisão de Evin. Tivemos de pegar o elevador para outro andar. Éramos eu e a chefe da ala feminina. De repente, meus olhos se fixaram no espelho do elevador e vi alguém que eu não conhecia. Fiquei olhando para ela e me perguntei quem era. Perguntei a mim mesma se havia mais alguém além dela e de mim. Olhei em volta e vi que éramos apenas nós duas. Então, aquela mulher amarela, magra e definhando, com cabelos brancos e sobrancelhas não aparadas, aquela era eu? Imediatamente me senti mal por não ter me reconhecido.

Como se sente em relação à prisão agora, depois de quase dez anos?

Tenho duas emoções contraditórias: a sensação de exaustão física e fadiga devido à opressão e à crueldade e uma forte convicção espiritual, amor por todos os seres humanos e uma fé firme neles. Além disso, a sensação de estar longe da família e dos amigos e a alegria de encontrar amigos valiosos na prisão e ganhar experiências únicas que não teriam sido possíveis sem passar por todo esse sofrimento. Em outras palavras, de um lado, há esse sentimento de isolamento da sociedade e a solidão na prisão, e de outro, oposto, o de ter experimentado uma vida coletiva difícil, mas significativa. A experiência da prisão é longa, especial e única: uma vida repleta de sofrimento, privação e solidão. É uma experiência carregar o fardo da injustiça e suportar a imoralidade amarga e nua. A vida na prisão baseia-se na negação de todas as necessidades naturais e humanas, mas, ao mesmo tempo, abre as portas da poesia, do pensamento e do significado no coração e na alma. É uma forma de alcançar a crença e a certeza na vitória final da verdade; é a experiência ascética de encontrar o *Haqq al-Yaqin*.[5] A vida na prisão, se terminar com a

---

5 "Pois, em verdade, é verdade absoluta", Alcorão 69:51. O termo "verdade absoluta" se refere também a um conceito no misticismo islâmico, um estágio no qual um sufista não tem dúvidas quanto à veracidade de Deus.

descoberta de uma fé inabalável e nobre, é capaz de deixar alguém mais estável e mais orgulhoso do que antes.

Gostaria de agradecer a todos aqueles que me apoiaram e me defenderam durante esses dez anos. Agradeço aos meus queridos companheiros no Irã, aos meus advogados, que pagaram um preço alto para me defender, e a todas as organizações, grupos e associações de direitos humanos, em especial à PEN International.

HENGAMEH SHAHIDI

Hengameh Shahidi (1975) é jornalista e ativista dos direitos das mulheres e da imprensa. Foi presa várias vezes, a primeira delas de julho a novembro de 2009, após os eventos que envolveram a eleição presidencial daquele ano. Em março de 2010, foi condenada a seis anos de prisão sob a acusação de "reunião e conluio com intenção de prejudicar a segurança do Estado" e "insulto ao chefe de Estado". Foi detida novamente em julho de 2016 e depois em março de 2017, sendo libertada em setembro do mesmo ano. Em junho de 2018, foi presa mais uma vez, e, em dezembro daquele ano, na seção 15 do Tribunal Revolucionário, o juiz Salavati a condenou a doze anos e nove meses de prisão, em decorrência de suas denúncias acerca da corrupção no Judiciário. Também foi proibida de participar de qualquer organização política e de qualquer atividade on-line ou midiática por dois anos. A filha de Hengameh, Parmis, sofreu muito ao visitar a mãe na ala 241 de Evin. Hengameh foi libertada em 2021, após protestos e apelos ao gabinete do Líder Supremo. Continua recebendo tratamento médico para se recuperar dos danos causados pelo confinamento solitário, ao qual foi submetida quatro vezes, e ainda não conseguiu retomar sua vida normal.

Conte-nos sobre sua experiência de confinamento solitário.
Fui presa pela primeira vez em 30 de julho de 2009. Após a abordagem e a admissão, depois de passar pelo processo

legal, às dez horas da noite fui encarcerada na ala 209, espancada e assediada a ponto de ser transferida para a clínica médica da ala. As funcionárias mal conseguiam me levar do porão do presídio para a solitária. Não davam a mínima atenção à minha condição física. Eu já tinha uma doença cardíaca e, por causa dos espancamentos, passei a sofrer ataques de ansiedade. Quando me levaram para a clínica médica da ala, me mantiveram na cama por cerca de quatro ou cinco horas. Eu estava em uma condição física terrível.

Você esperava essa atitude dos agentes do Ministério da Inteligência?

Os agentes me pediram para confessar que eu tinha colaborado com o MI6 [serviço secreto de inteligência britânico]. Como eu estudara no Reino Unido, disseram que eu havia trabalhado com o MI6 na época e que tinha um contato lá. Pediram que eu confessasse ter tido casos ilícitos com o sr. Khatami[1] e o sr. Karroubi,[2] o que era inacreditável para mim.

Fui transferida da clínica médica para a cela. O encarregado pela ala 209 veio me ver. Expliquei-lhe a história. Ele me pediu que não respondesse afirmativamente aos questionamentos dos interrogadores. Senti uma tendência diferente, talvez reformista, nele. Aquilo que me dissera talvez tenha me dado coragem para enfrentar as sessões de interrogatórios e os espancamentos subsequentes e não confessar mentiras, apenas confirmar ter participado de comícios e entrevistas a sites de notícias como assessora eleitoral do sr. Karroubi, o que, claro, não constituía crime.

Como eram as condições da cela?

Tinha um metro e vinte por dois metros e contava com uma pia de metal e um vaso sanitário. Vivi lá por setenta

---

1 Sayyid Mohammad Khatami foi o quinto presidente do Irã, tendo governado de 3 de agosto de 1997 a 3 de agosto de 2005.

2 Mehdi Karroubi é um clérigo iraniano xiita e presidente do Partido Nacional da Confiança. Está em prisão domiciliar desde 2011 e nunca foi julgado.

e cinco dias. Depois fui transferida para uma cela maior. Havia uma pia, mas tínhamos de sair da cela para usar o banheiro ou tomar banho.

Como eram as coisas quando você estava na cela maior? Com que frequência recebia permissão para tomar banho?
Pedíamos para ir ao banheiro apertando um botão dentro da cela. A cada dois dias podíamos tomar banho e éramos levadas para tomar ar fresco por quinze minutos.

Como eram os interrogatórios?
A primeira vez que experimentei o confinamento solitário foi em 2009. Todos os detentos costumavam passar por condições severas de interrogatório durante esse período. Eu não seria exceção. Por ser divorciada, fui exposta a acusações sexuais. Além das duas pessoas que citei — o sr. Karroubi e o sr. Khatami —, queriam me ligar a outras das quais não conseguiam obter confissão. Pressionaram-me para que eu confessasse ter feito sexo com pessoas que não haviam confessado durante seus interrogatórios. Isso me deixou em uma situação extremamente delicada. Graças a meus princípios humanistas, decidi resistir a essa linha de interrogatório e evitar expor outras pessoas a uma situação difícil.

Quando e onde você era interrogada?
Meu primeiro interrogatório foi imediatamente após minha admissão. Foi realizado no porão da ala 209, mas depois fui transferida para a ala 241. Fui interrogada em celas pequenas tanto de dia como de noite. Certa vez, por volta das três da manhã, uma agente penitenciária me acordou. Eu já esperava por isso. Como era constantemente ameaçada de execução, de fato pensei que iriam me executar, mas estavam apenas encenando. Fui levada para uma sala com uma corda e me disseram que eu seria executada se não confessasse que espionava para o MI6 e mantinha relações ilícitas com Khatami e Karroubi. Desmaiei de medo.

Quando acordei, o chamado matinal para a oração havia terminado. Descarreguei minha raiva e meu medo xingando-os. Eu não sabia onde estava. Era um lugar desconhecido para mim, só fui levada para lá uma vez.

Como os interrogadores se comportavam durante os interrogatórios?

Infelizmente, os interrogatórios de 2009 foram realizados por pessoas jovens e inexperientes e por funcionários recém-admitidos no Ministério, ansiosos para serem promovidos. Esses jovens interrogadores foram destacados não apenas para mim, mas também para pessoas mais velhas e mais experientes. Eu chamava o interrogador de estagiário. Ele não tinha vontade própria. Após minha libertação, identifiquei o chefe da minha equipe de interrogadores porque o vi uma vez na porta, sob a venda, após quarenta dias sem notícias da minha família, quando fui levada a uma sala para fazer uma ligação telefônica. Eu me lembrava da voz dele desde o primeiro dia; falava no dialeto *isfahani*. Algumas vezes ele compareceu aos interrogatórios, mas eles foram conduzidos sobretudo pelo jovem "estagiário". Fui interrogada por ele e pela equipe de contrainteligência do Ministério da Inteligência por cerca de vinte e cinco dias, e as sessões duravam das cinco da manhã até cerca de dez da noite. O comportamento do interrogador principal, Amir Hossein Asgari, conhecido como Mahdavi, era terrível — ele proferia obscenidades e palavras vulgares —, mas o "estagiário" tentava fazer o papel de bom-moço e trazia as perguntas do restante da equipe para que eu respondesse.

Depois de um tempo, alguém chamado por eles de "Doutor" passou a participar dos interrogatórios. Ele tentava agir como se estivesse apaixonado por mim. Certa vez me convocou para uma sala de interrogatório na ala 241, quando não havia nada para ser questionado, e interrogou minha colega de cela, a sra. F., na cela ao lado. Ele a assediou sexualmente várias vezes, perguntando-lhe quanto custavam seus seios e colocando notas de cinco mil tomans entre eles. Combinamos que, se o Doutor a incomodasse dessa forma, ela fingiria náusea para que ele me chamasse da cela ao lado para ajudá-la, pois eu era mulher e os outros eram homens. Um dia, o Doutor veio à minha cela e me mostrou um pedaço de papel em que estava escrito "eu te amo". Pôs a mão na minha cabeça inesperadamente. Eu lhe disse que não era um *mahram*[*] para mim e não tinha o direito de tocar minha cabeça. Obviamente, ele justificou o ato dizendo que meu xador e a venda funcionavam como um limite entre minha cabeça e suas mãos e, portanto, não havia problema. Quando fui libertada, ele me observou de dentro de seu carro em frente a Evin. Pediu-me em casamento e prometeu que, se eu me casasse com ele, encerraria meu caso para sempre.

Esse Doutor entrou em contato com você após a sua liberação?
Uma vez ele me ligou e marcou um horário para me devolver os arquivos em uma mala. Naquele dia me perguntou se eu havia mudado de ideia sobre o casamento. Respondi que estava disposta a aceitar qualquer sentença imposta a mim, mas que nunca mais gostaria de revê-lo.

Depois de ser detida em confinamento solitário por quatro meses e meio em 2009 e liberada sob fiança, você foi presa uma segunda vez. O que aconteceu? Para onde foi levada?
Em 27 de março de 2010, depois que os oficiais de segurança me telefonaram, fui ao prédio do Ministério da Inteligência. Disseram que teríamos uma conversa rápida, mas fui presa sem que isso acontecesse. Dessa vez, a prisão ocorreu porque, por meio de um ex-funcionário do Ministério da Inteligência demitido em 2008, consegui identificar o nome do chefe dos interrogatórios de Evin e publiquei seu nome e sua

---

[*] Na cultura islâmica, *mahram* se refere a um homem em cuja presença é permitido à mulher não usar *hijab*. São aqueles com os quais ela não poderia se casar de maneira alguma por causa da proximidade de laços sanguíneos (pai, avô, bisavô, filho, irmão, tios e sobrinhos) ou parentais (como padrasto e genro). [N.E.]

foto no site de notícias *Jaras*. No dia anterior à intimação e à prisão, minha sentença havia sido emitida pelo Tribunal de Apelações. Após a emissão da sentença, não é legal manter o acusado em confinamento solitário; ele deve ser enviado para a ala geral. Embora o veredicto final tenha sido emitido, fui notificada da sentença, mas ainda assim mantida em confinamento solitário por dois meses.

Você foi interrogada pela mesma pessoa?
Não, dessa vez tive outro interrogador. Ele me ameaçou dizendo que daquela vez seria diferente e me manteria na cela até que meu cabelo ficasse tão branco quanto meus dentes. Seu problema comigo era que eu havia revelado detalhes de todos os meus interrogatórios anteriores, inclusive os nomes dos interrogadores.

Quem era Amir Hossein Asgari, conhecido como Mahdavi?
Ele se tornou conselheiro de Jalili[3] na equipe de negociação do programa nuclear e aparecia atrás dele nas fotos.

Como foi o confinamento solitário dessa vez?
Dessa vez, minha companheira de cela era uma das rés no caso da Radio Farda.[4] Ficamos juntas por uma semana. Então ela foi liberada, e fiquei sozinha. No início, minha cela era pequena. Depois de três semanas, fui levada para outra maior. Fiquei lá pelo restante do mês.

Você fez greve de fome durante as duas prisões?
Durante minha primeira detenção, fiz greve de fome quando perdi a esperança de ser libertada. Fiquei oito dias sem comer. Fui levada ao Tribunal Revolucionário e ao juiz Pir Abbasi. Estava muito fraca e me sentia semiconsciente.

---

3 Saeed Jalili foi secretário do Conselho Supremo de Segurança Nacional do Irã de 2007 a 2013 e era o negociador do programa nuclear iraniano.

4 A Radio Farda é a sucursal iraniana da Radio Free Europe/Radio Liberty. O governo iraniano a considera uma organização de mídia hostil, e uma de suas jornalistas, Parnaz Azima, foi proibida de sair do Irã durante oito meses em 2007.

Estava tão mal que trouxeram ajuda médica. Ao avaliar minha condição física, ele prometeu me libertar sob fiança e pediu que eu encerrasse a greve. Disse a ele que só faria isso se mantivessem o *habeas corpus*. Encerrei a greve quando o fizeram e fui libertada na mesma noite.

Conte-nos sobre sua terceira experiência: como você foi presa e por quê.

Fui presa pela terceira vez em 10 de março de 2017, em Mashhad. Estava no funeral da minha avó. Fiquei sob custódia no centro de detenção do Ministério da Inteligência por uma noite; pela manhã, fui transferida para o escritório do promotor, e, depois de acusada, me levaram para Teerã em um voo de segurança e fui encaminhada para a ala 209 de Evin. Como o Nowruz [Ano-Novo do calendário persa] estava se aproximando, fui conduzida no dia seguinte para o segundo setor de cultura e mídia com o investigador Bizhan Ghasemzadeh. Após ler as alegações de que eu era ligada ao Amadnews,[5] fui transferida novamente para a solitária na ala 209, e logo em seguida começaram os interrogatórios.

Como os interrogadores se comportaram dessa vez?

Meu interrogador era tão desagradável que houve vários confrontos entre nós. Estávamos em um conflito feroz. Durante um dos interrogatórios, quando saía da sala, ele me disse sarcasticamente que eu merecia estar no presídio de Ghezel Hesar.[6] Eu, é claro, respondi que, considerando a maneira como ele tratava os prisioneiros, seu lugar era o zoológico de Teerã. Após esses confrontos, o Ministério da Inteligência percebeu que não era possível continuar o interrogatório dessa forma e mudou seus métodos.

---

5   Amadnews é um canal do Telegram anteriormente coordenado pelo jornalista Ruhollah Zam, o qual foi sequestrado no Iraque, levado ao Irã, forçado a confessar sob tortura e executado, sem nem mesmo ser informado de sua sentença, em 12 de dezembro de 2020.

6   O presídio de Ghezel Hesar, em Karaj, é o maior (com vinte mil detentos) e mais infame do Irã, conhecido por suas condições horríveis.

Depois desse interrogador, veio outro a quem também chamavam de Doutor e que se comportava de maneira educada. Acho que durante o interrogatório ele percebeu que eu era inocente, porque não havia realmente nenhuma prova para minha condenação. Após os interrogatórios, em 10 de abril de 2017, fui transferida da ala 209 do Ministério da Inteligência para a ala 241 por ordem do promotor e de seu substituto, Amir Ghotbi, que também era o chefe do Tribunal de Cultura e Mídia.

Fale-nos sobre as condições de confinamento solitário na ala 241.
A cela da ala 241 era diferente da 209. O banheiro ficava atrás de uma meia parede dentro da cela. O espaço total era de cerca de 2,5 metros por 2,5 metros. Uma câmera de circuito interno de TV com visão de 360 graus monitorava toda a nossa rotina. Tínhamos de usar a pia e o vaso sanitário e tomar banho na frente da câmera e dos policiais. Esse foi um dos exemplos de tortura psicológica para mim.

Você fez greve de fome durante esse período também?
No momento da prisão, eu disse à minha família que faria greve de fome. Não comi durante os primeiros cento e dez dias. Um dos interrogadores de segurança da informação do Judiciário, que havia estudado ciências paramédicas, supervisionava meus exames regulares.

Meus rins estavam seriamente comprometidos. A infecção renal havia se espalhado pela corrente sanguínea. Tiveram de me prescrever antibióticos fortes. Durante seis meses, houve vários dias em que não bebi água, o que fez com que minha condição fosse preocupante. Uma vez, desmaiei e fui levada ao centro médico da 241. Quando voltei a mim, precisei tomar soro. Minha situação era grave.

Por que você insistiu em continuar a greve de fome?
Eu queria resistir e protestar contra a opressão e a injustiça impostas a mim. Se houvesse um único documento que

provasse que eu era culpada, eu não teria feito nenhuma objeção, mas fui mantida em confinamento solitário por seis meses sem nenhuma prova. A greve de fome foi minha expressão de raiva contra a opressão à qual fui submetida. Essa reação me fortaleceu mentalmente. Sinto que a pressão que exerço sobre o Judiciário ao fazer greve de fome é uma espécie de vingança. Quando mudei de greve de fome úmida para greve de fome seca, realmente vi a morte diante de meus olhos e me sentia confortável em morrer em decorrência de greve de fome. Senti-me aliviada ao pensar que me vingaria daqueles que haviam me aprisionado cruelmente.

Você teve a oportunidade de ler ou fazer alguma coisa para passar o tempo na cela?
Tudo o que eu tinha eram livros. Negaram a mim o direito de me comunicar com outras pessoas e de me informar sobre as notícias por meio de jornais e televisão, assim como o acesso a papel e caneta.

Permitiam que você se encontrasse com sua família ou fizesse ligações telefônicas?
Eu me encontrava com minha família uma vez a cada duas semanas e, nesse intervalo, tinha direito a um telefonema uma vez por semana.

O que lhe deram para vestir?
Em 2009, usávamos os uniformes comuns da prisão, como aconteceu também em 2016. Na ala 209, as roupas eram brancas com listras cinza. Na ala 241, as roupas eram azul-claras com listras escuras horizontais. Na verdade, em ambas as seções as peças eram masculinas, e eles as disponibilizavam também para as prisioneiras.

Como eram as condições de higiene na ala 241?
Em comparação com a ala 241, eu diria que a higiene na 209 era muito melhor, porque o banheiro ficava fora da cela.

Na 241, o banheiro e o vaso sanitário eram dentro, então a umidade do ambiente incomodava muito, além de também causar doenças. Não havia ventilação, e a umidade e o mau cheiro eram irritantes. Uma vez por semana nos forneciam material de limpeza, mas não era suficiente.

Vocês tinham acesso a ar fresco?
Tínhamos vinte minutos por dia.

Onde era?
Na ala 209, existia um pátio com cerca de vinte por vinte passos sob um telhado inclinado. Não havia plantas ali. As paredes eram de concreto e sem vida, mas posso dizer que o pátio da ala 241 era a única coisa bonita que havia na prisão. Parecia ter sido parte de um jardim com árvores frutíferas no passado. Ficava separado do espaço de caminhada dos outros prisioneiros por uma cerca de arame farpado, mas ainda dava para ver esse espaço. Havia equipamentos esportivos no pátio, como os normalmente encontrados em parques, e suas cores animavam os prisioneiros.

Você passou novamente por confinamento solitário?
Sim, fui presa em 2 de julho de 2016, em Kish. Tinha acabado de sair da unidade de tratamento cardíaco. Após a prisão, fui transferida para Teerã em um voo de segurança e entregue à ala 241. Durante os onze meses de detenção, fiquei sozinha em confinamento solitário, sem televisão ou rádio. Não fui interrogada nem uma vez durante o período.

Sua experiência anterior a ajudou?
Fui admitida no mesmo local onde havia estado seis meses antes e passei novamente pelas mesmas celas. Fui transferida para a mesma cela de 2,5 por 2,5 metros com pia e vaso sanitário. Fui mantida sob aquela luz branca por vinte e quatro horas, o que já era uma espécie de tortura.

Pode nos relatar seus sentimentos durante os longos meses de solidão e a diferença entre os primeiros e os últimos meses?

Fui proibida de receber telefonemas e visitas por sete meses. Depois disso, obtive autorização para fazer ligações telefônicas e receber visitas a cada duas semanas, com a permissão do juiz Salavati. Sentia-me descontrolada nos primeiros meses, pois meus contatos pessoais e sociais haviam sido cortados, e não recebia notícias da minha família. Quando o investigador revogou minha fiança de duzentos milhões de tomans e ordenou minha detenção temporária, iniciei uma greve de fome que durou trinta dias. Ser privada do direito de telefonar e de encontrar a família era outro motivo que me levou a entrar em greve. Eu estava furiosa.

O autor do meu caso era o chefe do Judiciário, Sadegh Larijani, e gritei "Morte a Larijani!" com raiva várias vezes na 241. Eu não tinha com o que passar o tempo. Não me disponibilizaram uma televisão, mas me deram livros. Passava o tempo todo lendo. Quando os livros acabavam, o gerente da ala (Ali Maleki) me fornecia exemplares das bibliotecas de outros presídios. Eu ficava muito ansiosa quando não tinha livros, mas a situação era diferente quando havia algo para ler. Eu lia, em média, umas oitocentas páginas por dia, e isso me ajudava muito a ocupar o tempo.

Eu me levantava às sete para tomar café da manhã e às nove da noite jantava e ia para a cama. Como estava em sofrimento psicológico, não conseguia dormir sem remédios. Sem eles, eu não dormia mais do que duas horas a cada vinte e quatro. Também sofro de fibromialgia. Com o agravamento da doença, precisava tomar sedativos para obter um nível mínimo de tranquilidade no confinamento solitário. Antes, nunca havia precisado tomá-los.

Você teve acesso a médico e remédios para tratar sua doença cardíaca?

Devido à minha condição, eu precisava constantemente de um médico ou de especialistas em várias áreas. Os agentes de segurança coordenavam as visitas dos médicos, e os medicamentos necessários eram fornecidos.

Em que medida o confinamento solitário prolongado afetou sua condição mental e física?

Nos primeiros dias e meses de detenção, eu ainda não tinha conseguido me orientar porque não havia sido interrogada, apenas largada na cela. Eu queria ser interrogada para poder conversar com alguém. É claro que, com a permissão do diretor, os oficiais conversavam comigo por cerca de quinze minutos durante o dia para que eu não ficasse mentalmente perturbada, mas depois de algum tempo entrei na rotina do confinamento solitário. Com base em experiências anteriores, eu me exercitava duas horas por dia entre os momentos de leitura. Ou caminhava na cela, ou fazia exercícios de alongamento. Às vezes, caminhava sete quilômetros por dia dentro da cela. Calculava da seguinte maneira: dar uma volta na cela e retornar seriam cerca de cinco metros, e uma rodada de contas de oração com cem peças equivalia a quinhentos metros, então catorze rodadas seriam sete quilômetros.

Eu fazia as catorze voltas do rosário com caroços de tâmara. Aos poucos, fui me acostumando com o confinamento solitário e até com a prisão. Se um dia a agente penitenciária estivesse ausente, eu perguntava por ela como se um dos membros da família tivesse desaparecido. O comportamento das funcionárias da ala 241 era bem diferente do comportamento daquelas da ala 209, inclusive na aparência e no modo de se vestir. Em geral, tinham entre vinte e três e quarenta e cinco anos e eram bem-vestidas e elegantes, mas as oficiais da ala 209 tinham quarenta anos ou mais e usavam uniformes ou trajes formais. Algumas das oficiais da 241 até andavam pela ala com roupas informais, o que melhorava meu ânimo.

Qual era a cor da cela?
Todas as paredes eram cor de creme. A ala 241 é um dos bons edifícios de Evin. Na 241, normalmente não se usavam vendas, mas na 209 era necessário utilizá-las até para ir ao banheiro ou tomar ar fresco. Na 241 essas normas não existiam, e, como resultado, nossos olhos não sofriam tensão. Quando comparei as celas e o espaço da ala 241 com os da 209, vi como era antiga a 209. No geral, é cinza em comparação com a 241. Estive na 241 duas vezes e me encontrei com o supervisor da ala em duas ocasiões nesse período.

Qual foi a importância de encontrar sua família? Que efeito exerceu sobre você?
Foi algo vital para mim. Visitei minha família depois de sete meses. Antes de ser presa, eu havia desocupado minha casa e a devolvido ao proprietário. Pulava de cidade em cidade porque sabia que me prenderiam. Fui privada de ficar com minha família por cerca de um ano. Eu não tinha nem mesmo um número de telefone. Só podia ligar para eles por meio dos aplicativos instalados nos telefones das pessoas autorizadas. Na verdade, nada se compara a um encontro presencial. Quando finalmente disseram que eu podia ver minha família, após sete meses, eu não conseguia acreditar que o juiz havia suspendido a proibição de ligações telefônicas e visitas. Achei que estavam me enganando, que queriam me entregar ao CGRI. Fiquei mais calma depois de encontrar minha família.

Como você resumiria sua experiência de confinamento solitário?
O confinamento solitário por si só é um espaço de tortura. Trata-se de tortura grave, independentemente das circunstâncias da pessoa presa. Agora, se tornam a situação ainda mais difícil, a violência é dobrada. Por exemplo, em 2009, além do confinamento solitário, sofri espancamentos, ouvi obscenidades e me submeti a

greves de fome. Enfrentei outras dificuldades nas sentenças de prisão posteriores, além das que já existiam, e foi por isso que iniciei a greve de fome. A proibição de contato e visitas dificultou ainda mais tolerar a situação na cela. A lâmpada, que ficava acesa o tempo todo, dia e noite, irritava meus olhos, me privava do sono e era uma espécie de tortura. Passei por situações difíceis quando fui confrontada com palavras vulgares e insultos sexuais. Ficava completamente perturbada quando ouvia nas celas próximas os gritos e os lamentos dos prisioneiros do Estado Islâmico que seriam executados. Em uma das alas atrás da cela, ouvi gritos de mulheres que estavam sendo assediadas. Essas vozes são minhas piores lembranças do confinamento solitário.

REYHANEH TABATABAI

Reyhaneh Tabatabai é jornalista, ativista política e membro do Partido da União do Povo Islâmico do Irã, que sucedeu à Frente de Participação Islâmica do Irã, da qual também foi apoiadora.[1] Reyhaneh foi presa pela primeira vez em 13 de dezembro de 2010; a segunda foi no inverno de 2014, durante a detenção generalizada de jornalistas iranianos que acabou levando à decisão judicial de "proibição de processo"; e a terceira vez em 20 de junho de 2014, quando ficou detida por seis meses sob a acusação de propaganda contra o regime, relacionada à sua prisão em 2010 pelo CGRI. Foi acusada de participar do Comitê Nacional da Juventude nas eleições de 2014 e de uma conferência de jovens reformistas em Shahrekord, além de insultar Saeed Jalili e Mohammad Baqer Qalibaf[2] no Facebook. Em 12 de janeiro de 2016, ocorreu a quarta detenção, que a levou a permanecer um ano na ala feminina de Evin. Além da condenação, foi proibida de participar de partidos e grupos políticos, bem como de usar a mídia e as redes sociais por dois anos. Atualmente, é editora-chefe do *Emtedad News*.

O tamanho da cela era mais ou menos o de um cômodo normal, e era possível andar dentro dela. Havia duas janelas

---

1 Partido político reformista do Irã que concentrava seu trabalho no governo; foi banido em 2010 e substituído pelo partido União das Pessoas Islâmicas do Irã.

2 Mohammad Baqer Qalibaf foi prefeito de Teerã de 2005 a 2017.

próximas do teto, mas não era possível ver o céu através delas. Quanto à iluminação dentro da cela eram três lâmpadas, uma acesa durante o dia e as três à noite. O banheiro ficava na cela, mas isolado por uma porta.

Não havia aquecedor, somente uma exaustor pelo qual entrava ar quente — mas, por emitir um ruído irritante, eu preferia que ficasse desligado. Havia quatro ou cinco cobertores militares no quarto, o piso era acarpetado e, é claro, limpo. A porta não se abria a menos que o prisioneiro chamasse os guardas para pedir algo, ou quando traziam comida pela manhã, ao meio-dia e à noite. O chá era servido pela manhã e à noite. Me levavam para tomar ar fresco nesses mesmos turnos por vinte minutos, e na época eu era a única prisioneira naquela ala, onde eram mantidos em silêncio e isolamento absolutos. Eu achava que, se algo acontecesse comigo dentro da cela, eles não perceberiam, dada a distância da sala do guarda em relação a mim. Assim, eu estava sempre muito preocupada com o que poderia acontecer.

No que se refere às roupas, nosso uniforme consistia em um casaco rosa e uma calça. Recebi dois conjuntos para lavar e trocar. A comida vinha do Campo de Sarollah[3] e era de boa qualidade. Eu comia frutas dia sim, dia não. Era interrogada todos os dias e ficava tão cansada que, quando voltava, dormia imediatamente. O interrogatório começava por volta do meio-dia e ia até o pôr do sol. Eu em geral estava em jejum, então era interrogada até a ceia. Ocorriam interrogatórios até mesmo nos dias de Tasua, Ashura [respectivamente, o nono e o décimo dias do primeiro mês do calendário islâmico, Muharram] e às sextas-feiras. Às vezes estendiam-se até as onze horas ou meia-noite e, em uma ocasião, foram até duas ou três da madrugada.

No primeiro dia no centro de detenção, eu estava sonolenta porque ficara acordada até as sete da manhã.

---

3   O Campo de Sarollah foi fundado em 1995 e é, em essência, uma tentativa do CGRI de controlar Teerã. É supervisionado pelo comandante do CGRI e tem relação próxima com o Ministério da Inteligência.

As formalidades de prisão e admissão foram cumpridas, fui para a cela e dormi. Quando entrei, vi alguns besouros mortos no chão. Tinham acabado de pulverizar pesticidas. Levaram minhas roupas e me deram o uniforme. Depois de pouco tempo, me chamaram para um interrogatório. Estava com os olhos vendados e tive de colocar um xador para ir até lá. Atravessei o pátio até a sala de interrogatório e sentei em uma cadeira com o rosto virado para a parede.

Preenchi um formulário. O interrogador disse que, pelo que conhecia da acusada, esperava que eu fosse obediente. Eu quis rir. Ele queria dizer que conhecia minha personalidade. Ele, de fato, me revelou todas as informações que tinha sobre mim, inclusive as cafeterias que eu havia visitado e partes de conversas que tive em diferentes lugares. Até mencionou assuntos "íntimos" da família e forneceu informações detalhadas sobre vários eventos familiares para deixar claro que sabia tudo sobre mim.

Pegaram meu endereço de e-mail e minha senha e disseram que eu ficaria lá por seis ou sete meses, a menos que pegasse papel e caneta, escrevesse tudo e cooperasse.

Havia um Alcorão na cela. Encontrei um besouro morto no canto, então pedi que limpassem. Limparam. No dia seguinte, a segunda equipe me interrogou. O interrogador da primeira equipe me pediu para não dizer à segunda que eu estava bem, pois ficariam com raiva. Somente depois de dois dias de interrogatórios fui acusada. Eles me algemaram antes de me levar para o escritório do promotor para ser acusada, o que foi contestado pelo investigador. Não pude falar ao telefone durante as duas primeiras semanas. Depois disso, recebi um telefone para ligar para meus familiares três vezes em trinta e seis dias, mas não podia vê-los.

Os interrogatórios ocorreram em uma seção da ala 2A. O interrogador nunca entrava nessa sala e, em vez disso, me fazia perguntas por trás de uma tela. Eu podia fumar na sala de interrogatório, mas isso era proibido na cela e no pátio.

Devido às minhas atividades em 2009, tinha certeza de que seria presa, portanto estava preparada. Simpatizava bastante com o Movimento Verde. Um ano antes de ser presa, havia escutado muitas histórias sobre confinamento solitário e agora tentava usar as experiências de outras pessoas para me fortalecer e criar resiliência, de modo que pudesse manter o ânimo.

Os interrogatórios seguintes foram sobre minhas atividades. Pediram-me que denunciasse Fakhrossadat Mohtashamipour[4] e o sr. Tajzadeh[5] e, ao mesmo tempo, fizeram-me perguntas sobre meu relacionamento com estrangeiros e jornalistas no exterior.

No início, como tinham acesso ao meu laptop, fizeram muitas perguntas além do âmbito das acusações, mas não comentei essas questões. Até me perguntaram sobre questões não políticas e sobre minha família e amigos, mas, devido à minha atitude disciplinada, não conseguiram se aprofundar em tais assuntos.

Na Ashura, depois de afirmarem que eu não havia respondido corretamente a algumas perguntas ou que havia mentido, começaram a gritar e me ameaçar. Isso me fez assumir minhas ações, porém não confessei nada que pudesse implicar outras pessoas.

Depois disso, eu me responsabilizei pelo que tinha feito e escrevi com orgulho em todas as folhas de interrogatório que trabalhava para o site *Kaleme* porque as pessoas tinham o direito de saber o que estava acontecendo no país.[6] Escrevi que apoiava o Movimento Verde e seus prisioneiros. Finalmente fui libertada sob fiança de cem milhões de tomans após trinta e seis dias em confinamento solitário.

---

4 Fakhrossadat Mohtashamipour foi coordenadora da seção de mulheres da Frente de Participação Islâmica do Irã.

5 Sayyid Mostafa Tajzadeh foi mantido em Evin de 2009 até 2016. Reformista, pertencia à Frente de Participação Islâmica do Irã.

6 *Kaleme* é um site iraniano com uma filiação próxima ao Movimento Verde.

Segunda prisão, 3 de fevereiro de 2014 — Ala 209 do Centro de Detenção de Segurança do Ministério da Inteligência

Eu deixara o prédio do jornal para uma entrevista. Meus amigos me ligaram e disseram para eu não voltar, porque tinham ido até lá para prender a mim e a alguns outros colegas. Fiquei na rua até as dez da noite, mas acabei indo para casa e pensei que, se eles quisessem, me prenderiam imediatamente. Em casa, soube que catorze ou quinze jornalistas haviam sido presos naquele dia. Depois de alguns dias, às dez horas da manhã do décimo segundo dia de Bahman [penúltimo mês do calendário no Irã], meu pai me disse que havia dois carros estacionados em frente à casa. Eu os chamei da janela e os convidei para entrar. Eles primeiro tentaram dizer que eram da polícia antidrogas e estavam lá para prender um vizinho. Falei para não brincarem com isso e que morávamos no primeiro andar. Eles entraram, e fui presa após uma busca na casa.

Fui admitida na ala 209 e levada para uma cela. Ao chegar, vi que estava imunda. Havia um pequeno lavatório, mas não tinha vaso sanitário. Era uma ala masculina, eu podia ouvir as vozes. Acho que fui para o interrogatório no dia seguinte e, três dias depois, recebi a acusação.

Fui levada para outra cela dois dias depois. Na minha situação, eu não esperava ser presa. Alguns dias antes da detenção, fui ao escritório de acompanhamento do CGRI e me interrogaram por cerca de cinco horas. Portanto, não havia motivo para me prender. No entanto, o Ministério da Inteligência havia publicado uma declaração antes de eu ser presa, dando a entender que várias outras pessoas poderiam ser detidas.

Fui questionada em salas de interrogatório que ficavam no corredor, no mesmo andar da minha cela. Tinha de andar com os olhos vendados para ir e voltar dessas sessões e, durante o interrogatório, era obrigada a ficar de frente para a parede. O interrogador dizia que viria no dia seguinte, mas não aparecia por cinco ou seis dias, e o pior era que eu precisava esperar sozinha e em silêncio dentro da cela. Esse método era completamente diferente daquele do CGRI, no qual sempre voltavam na hora marcada. Os interrogatórios mais longos foram na ala 2A, lá, portanto, eu não ficava na cela com tanta frequência. Como era a primeira vez, li o Alcorão e o *Mafatih al-Jinan*, leituras úteis e empolgantes para mim. Os interrogadores me aconselharam a orar para passar o tempo. Disseram que sabiam como era difícil para o prisioneiro suportar esse ambiente quando a porta se fechava. Na 209, além de ter poucos interrogatórios, eu esperava por muitas horas. Era interrogada três vezes por mês, por quatro ou cinco horas em cada sessão.

Na 209, não havia banheiro dentro da cela, e não era fácil ir até um. Não podia acender as luzes à noite e sair. O tom ríspido dos guardas me deixava nervosa e desconfortável. Eu jejuava a maior parte do tempo e nem sempre almoçava. As noites também eram muito ruins, e não conseguia comer. Eles me serviam frutas uma vez por semana, as quais eu racionava e comia ao longo dos dias.

Na 209, eu me sentia desanimada e chorava. Sentia falta da minha mãe. O sentimento de nostalgia e o desejo de escapar e sair daquela cela pesavam muito. Como eu não tinha televisão ou rádio, era muito difícil ocupar o tempo. Às vezes, eu me sentia deprimida. Alguns dias após ser detida, recebi o jornal *Bahar*.[7] Li as notícias sobre minha prisão e a de outros jornalistas e fiquei extremamente agitada. Com exceção dessa vez, o único jornal que me disponibilizavam era o *Ettela'at*.[8]

Na cela, recebi o livro *Da*,[9] que tem cerca de setecentas páginas, e o li sete vezes. Depois de ler as primeiras cem

---

7 *Bahar* é um jornal reformista iraniano.

8 *Ettela'at* é o jornal persa mais antigo do Irã, atualmente usado como instrumento de propaganda do regime.

9 *Da* (Mãe) é o livro de memórias de Seyyedeh Zahra Hosseini, no qual detalha suas experiências durante a guerra entre Irã e Iraque.

páginas, voltei ao início, para que não acabasse logo. Pedi outros romances, mas não me deram. Mais tarde, percebi que ler esse livro e imaginar cenas de guerra, assassinatos e morte em uma cela me sobrecarregou ainda mais e me destruiu.

Na ala 209, ao contrário da 2A, eu podia ligar para minha família uma ou duas vezes por semana. Ficava sem dormir à noite, mas não queria ir para o hospital. Alguns dias antes do fim da minha detenção, tive palpitações graves; disseram que o médico não estava presente e esperaram até a noite para me levar a um hospital.

O comportamento dos guardas na 2A era melhor que na 209, onde eram rudes e aparentemente treinados para assediar os prisioneiros, ser indiferentes às suas solicitações e ignorar seus problemas. Não tive permissão para encontrar minha família durante o período em que estive na 209. Agora éramos dezessete presos juntos, e alguns foram transferidos para a ala geral duas semanas depois, mas fiquei na cela até o último dia. Eu deveria ter sido levada para a ala geral nos últimos dias, mas disseram que não era possível porque não havia uma companheira de cela adequada para mim. Nem sequer me deram uma televisão: "Você cometeria suicídio se lhe déssemos uma TV". Disseram que não poderiam me soltar logo porque estavam empacados no meu caso, enquanto as comunidades e a mídia internacionais protestavam contra a minha detenção.

Acho que isso se deve ao fato de que eles não tinham provas contra nós. Falavam sobre a BBC e outros veículos de comunicação estrangeiros o tempo todo.

Dentro das celas, usávamos blusa e calça, mas tínhamos de usar xador e lenço na cabeça quando éramos levadas para o interrogatório. Eles não confiscavam sutiãs na 2A, mas na 209 nunca tivemos permissão para usá-los. Os escritos nas paredes do 2A faziam com que o local parecesse assombrado. Em sua maioria, tinham sido feitos por indivíduos com alegações sérias. Mas os da 209 eram obra de pessoas com as quais eu estava familiarizada. Alguns foram grafados com caneta; outros, entalhados na parede. Na parede do banheiro do 2A havia uma pintura da casa onde uma pessoa morava com os pais que me passava uma sensação estranha. Gostava de olhar para ela.

Os momentos de ar fresco na 209 não tinham realmente ar fresco porque éramos levados a um pátio coberto por um telhado de vidro. Na cela, eu andava muito e me exercitava; deitava e sentava. Preenchia o dia fazendo coisas — por exemplo, confeccionava contas de oração com casca de laranja ou encontrava algo para medir o tempo. Só conseguia dormir quando me traziam um xador com que pudesse me proteger, pois os cobertores militares eram muito ásperos.

SIMA KIANI

Sima Kiani é bahaísta, nasceu em 1965 e viveu em Shahr-e-Rey desde 1970. Foi presa pela primeira vez pelas forças de segurança em 9 de março de 2017 e libertada sob uma fiança de duzentos milhões de tomans em abril de 2017. Era voluntária do Yaran, comitê dedicado aos assuntos da comunidade bahaísta. Foi condenada pelo Tribunal Revolucionário de Rey a um ano de prisão, sob a acusação de "propaganda contra o regime". "O serviço de inteligência sempre esteve ciente de nossas atividades, especialmente desde 1997, quando invadiram nossa casa e prenderam e interrogaram meu pai, também voluntário naquela época. Eu também era voluntária e, de tempos em tempos, ligava para outros colegas da comunidade e falava com eles, o que se tornou uma das várias alegações contra mim após minha prisão", explica Sima. Atualmente, vive em Teerã.

Acordei em 9 de março de 2017, às sete e meia da manhã, com os agentes de segurança tocando a campainha. Sete policiais entraram em casa depois de mostrar o mandado de busca e imediatamente começaram a revistar todos os cômodos. Meus pais, idosos, também estavam lá e ficaram chocados com a entrada repentina dos policiais.

Revistaram nossa casa e nos ameaçaram. Disseram repetidamente à minha mãe que, se eu cooperasse, voltaria muito em breve, em duas ou três horas.

Depois da inspeção em casa, fui transferida para o escritório de acompanhamento de Shahr-e-Rey e, após os primeiros interrogatórios e inúmeras ameaças, fui levada para o escritório do promotor e de lá para Evin.

Eu achava que seria conduzida a uma ala pública. Não sabia nada sobre prisão ou confinamento solitário. Depois de chegar a Evin e cuidar das formalidades iniciais, permitiram que eu entrasse em contato com minha família. Para minha surpresa, eles me levaram para uma sala de três por dois metros e me deram roupas especiais. Percebi que ficaria sozinha, mas não sabia em qual ala de Evin eu estava.

Depois de dois dias, os interrogadores vieram me ver e, segundo eles, haviam me deixado sozinha por dois dias para pensar e entender onde eu estava. Os interrogatórios começaram e aconteceram por dez dias seguidos. As sessões eram conduzidas de maneira educada, mas tensa. Ameaçaram prender outros membros da família, me transferir de Evin para outra prisão e não permitir que eu os visse novamente.

Durante o confinamento solitário, liguei para minha família duas ou três vezes. Eles tinham ido a Evin muitas vezes, e sempre lhes diziam que eu não estava lá.

Fui interrogada por dez dias em uma sala que, segundo os oficiais, não era destinada a interrogatórios, mas um local para conversas. Era um espaço mobiliado e relativamente grande. Os interrogatórios foram realizados cara a cara, sem venda nos olhos. Diziam que estávamos apenas conversando.

Foram dez dias de ameaças e intimidações. Todos os dias, no fim do interrogatório, faziam perguntas sobre as pessoas ao meu redor, minhas atividades ou meu passado, e me davam vários questionários para que na minha cela, à noite, eu pudesse redigir as respostas às perguntas. Pela manhã, verificavam o que eu havia escrito e sempre declaravam que não era o que queriam. Em seguida, me ameaçavam aos gritos, dizendo que eu não seria liberada após os interrogatórios e seria transferida para outra prisão ou deixada ali até apodrecer.

No decurso do interrogatório e do período na solitária, o que mais me incomodava era o fato de não haver nada com que me entreter, nem livros, nem jornais, nada. Era excepcionalmente difícil passar os dias assim. Parte da minha rotina era dedicada a oração e súplica, e eu tentava dormir para perder a noção do tempo. Minha cela ficava perto do escritório dos guardas da prisão, e eu sempre ouvia o som indistinguível dos programas de televisão. Para me distrair, tentava reconhecer as palavras e fazia progressos, de modo que, ao longo dos dias, já conseguia discernir melhor os sons.

Os dez dias de interrogatório foram melhores porque preencheram meu tempo. Eu me sentia tão solitária e entediada por não ter nada para fazer na solitária que preferia ser interrogada a ficar sozinha na cela. Era vendada e acompanhada por uma guarda do CGRI, depois levada para outro lugar a cerca de quinze minutos de distância. Não permitiam nem mesmo que a guarda feminina ficasse lá. Pelos sons, parecia que, naquele prédio, circulavam apenas homens. No primeiro dia, eles me posicionaram de costas para a parede sem nenhuma explicação. Cerca de meia hora depois, alguém, que deve ter visto que eu estava inquieta, disse: "Os interrogadores estão atrasados, mas estão a caminho".

Após uma hora mais ou menos, homens do Ministério da Inteligência chegaram e me levaram para uma sala minúscula. Um dos interrogadores também estava lá. Disseram-me para escrever que eu me arrependia de minhas ações e que prometia cooperar com o Ministério da Inteligência. Quando confrontados com minha recusa, começaram a me ameaçar agressivamente; disseram que meus amigos e minha família seriam presos. Repetiram para cooperar e, quando me recusei, afirmaram que a situação mudaria dali em diante: "Você ainda não sabe o que é um interrogatório de verdade!". "Você está pedindo. A partir de amanhã, será interrogada olhando para a parede." Foi isso que eles fizeram. Acho que me levaram para outro lugar a fim de me intimidar.

Em resumo, depois de todas as ameaças, eles me devolveram à minha cela. A partir do dia seguinte, os interrogatórios continuaram, virada para a parede, até chegarmos ao feriado de Nowruz. Antes disso, em 20 de março, os interrogatórios estavam quase terminando, e pegaram as assinaturas necessárias para confirmar o que chamavam de "confissões".

O início do feriado foi a pior época do confinamento solitário. Os dias passavam devagar, e não havia nada para fazer. Eram os dias chuvosos de abril. A única maneira de vislumbrar o mundo exterior era por uma pequena abertura encostada no teto, coberta por um mosquiteiro. Três ou quatro vezes por dia, o carcereiro abria a porta para trazer comida, chá ou remédios. Eu esperava com impaciência. O café da manhã era das 7h30 às 8h, o almoço das 12h às 12h30 e o jantar por volta das 19h. Eu aguçava os ouvidos para escutar os arredores e me ocupava.

Eu sofria de uma insônia grave, dormindo somente uma ou duas horas durante o dia, e perdi completamente o apetite, mas também tive momentos agradáveis, que aumentaram em duração e qualidade com o passar do tempo. Nunca havia me sentido tão próxima de Bahá'u'lláh e de Deus como naqueles dias. Era como se estivesse em um mosteiro, e essa foi a oportunidade que a vida me deu para pensar e orar, para ficar sozinha comigo mesma e com Bahá'u'lláh.

Foi uma sensação incrível aproveitar ao máximo aqueles dias tão difíceis, que eu nunca havia experimentado antes. Sentia que tudo o que eu quisesse seria realizado, só que eu não queria nada, a não ser a satisfação de Bahá'u'lláh. Era um sentimento peculiar. Sentia que Bahá'u'lláh havia me tirado do meu cotidiano e me proporcionado uma oportunidade excepcional para estar a sós com Ele. Esses momentos eram inexprimivelmente magníficos e me fizeram sentir tão forte que pensei que poderia lidar com qualquer coisa.

Não fui submetida a nenhum interrogatório durante os treze dias do feriado de Nowruz. Os únicos momentos diferentes pelos quais eu esperava ansiosamente eram os de ar fresco, a cada dois dias, durante vinte minutos. Gradualmente, à medida que os guardas se familiarizavam comigo, permitiram que eu ficasse no pátio por meia hora ou mais. Essa era uma das ocasiões mais agradáveis do confinamento solitário, porque eu podia andar ali, sob o teto transparente, com tempo chuvoso na maior parte do tempo, orando em voz alta e derramando lágrimas.

Eu me sentia muito leve quando voltava para a cela.

Com o passar do tempo, a insônia aumentou. Quase não sentia sono e cochilava por alguns minutos a cada poucas horas. Quase não comia e também tinha problemas renais e desidratação. Assim, em 4 de abril, por conta da ansiedade e da desidratação, minha pressão arterial ficou tão alta que fui levada ao centro médico da ala.

Às nove horas da manhã desse dia, disseram-me para me preparar. "Desça as escadas", ordenaram. "Os interrogadores vieram vê-la." Quando fui para a sala, eles ficaram chocados ao ver meu rosto. A primeira frase que um deles disse foi: "Os vinte e sete dias de confinamento solitário funcionaram". "Por que estão me mantendo aqui?", perguntei. "Estou doente. Meus pais precisam de mim." E responderam que eu só poderia sair da prisão quando os interrogatórios terminassem.

Quando perceberam meu desejo de ser libertada, disseram que isso não seria tão fácil e que eu teria de ser filmada confessando o que havia feito. Afirmaram que, mesmo depois de ser solta, os interrogatórios continuariam. E foi o que fizeram. Ou seja, após minha libertação, fui convocada para o escritório de acompanhamento da cidade para várias sessões e interrogada e ameaçada até chegarem a um beco sem saída, como disseram, e pararem com tudo.

Eu me opus veementemente à filmagem, e argumentaram que essa era a única maneira. Eu havia perdido cerca de sete quilos e estava desidratada. Como resultado do desconforto, meu rim esquerdo doía intensamente, e estava quase cega no olho esquerdo. Depois que fui liberada, o médico me disse que eu sofria de um grave inchaço na córnea devido à ansiedade.

No dia seguinte, eles me pressionaram e me ameaçaram ainda mais. "Você será mantida aqui até ser esquecida", disseram. "Ou vamos transferi-la para a prisão em completo isolamento até o julgamento." Em resumo, as tensões continuaram como antes. Enfatizaram que a única condição para minha libertação era ser filmada. Caso contrário, disseram que eu não seria levada ao tribunal para julgamento. "No vídeo", explicaram, "você falará apenas sobre as coisas que já confessou". Pedi um tempo para pensar. Voltei para minha cela, rezei por horas e aceitei a oferta deles.

Com base no que me explicaram, a gravação seria feita em três episódios ou partes: "No primeiro episódio, você vai se apresentar; no segundo, falará sobre sua atividade de propaganda e, no terceiro, sobre o Yaran e suas comunicações durante a administração da comunidade bahaísta. Você também explicará como o Yaran registrou a casa de Bahá'u'lláh como patrimônio cultural". Disseram que eu precisava lhes dar qualquer informação que eu tivesse sobre esses assuntos. Eles me instruíram a não olhar para o interrogador presente durante as gravações. Queriam tirar o xador que eu normalmente usava durante os interrogatórios, ao que me opus fortemente. Durante a gravação, fui a única oradora e falei de maneira descritiva. Não houve perguntas e respostas. Ao término dos registros em vídeo, uma fiança foi arbitrada, e fui libertada dois dias depois.

Uma hora antes da soltura, fui transferida da minha cela para outra onde uma jornalista estava detida. Foi somente nas últimas horas ali que percebi que estava na ala de segurança 209 de Evin.

Finalmente, na tarde de 7 de abril, saí da ala. Foi uma experiência única, talvez dessas que só se vive uma vez, agonizante, mas excepcionalmente espiritual. Espero que seus efeitos positivos perdurem pelo resto de minha vida.

Sei que o futuro do meu país é brilhante e que o preconceito, o ódio e a inimizade desaparecerão desta Terra.

FATEMEH MOHAMMADI

Fatemeh Mohammadi (1998) é ativista civil e foi presa pelo Ministério da Inteligência por ter se convertido ao cristianismo e frequentado cultos religiosos em casas privadas. Foi presa durante uma cerimônia na casa de um cristão em Teerã. Em 7 de abril de 2016, na seção 26 do Tribunal Revolucionário de Teerã presidido pelo juiz Ahmadzadeh, foi condenada a seis meses de prisão sob a acusação de "atividade cristã e de agir contra a segurança nacional por meio de propaganda contra o Estado", e então transferida para a ala de segurança 209 de Evin, onde passou vinte dias em confinamento solitário. Foi proibida de estudar Tradução e Inglês na Universidade Islâmica Azad, no campus de Teerã, devido à conversão ao cristianismo. Foi detida pela segunda vez em 2020 por participar de protestos contra o fato de o Corpo da Guarda Revolucionária Islâmica ter abatido o voo 752 da Ukraine International Airlines e condenada a três meses de prisão e dez chicotadas. Continua proibida de frequentar a universidade e, devido à intervenção do Ministério da Inteligência, ainda não conseguiu encontrar emprego.

Como eram as condições da cela na qual você ficou presa?
Fiquei presa em duas celas, em momentos diferentes, por trinta e nove dias. As duas tinham paredes e teto cor de creme. Um pedaço de carpete marrom esfarrapado cobria o

chão. Nos primeiros três dias ocupei uma cela tão pequena que não dava para andar dentro dela. Havia algo parecido com uma janela no alto, logo abaixo do teto. Uma placa perfurada foi instalada atrás da janela, o que não permitia que eu visse o céu. Só conseguia saber se era dia ou noite. Depois de três dias, fui transferida para uma cela cujo tamanho era o dobro do da anterior. O formato era o mesmo da primeira cela; havia vasos sanitários em ambas, mas o da primeira era muito anti-higiênico.

Eu tinha uma toalha, uma escova e uma pasta de dentes, os quais eram tirados de mim após o uso. Eu não tinha permissão para entrar na cela com esses itens. Para os interrogatórios, eu precisava usar casaco, lenço na cabeça e xador, também retirados de mim no final. Entrava na cela sem nada. Também não havia nada lá dentro, nem caderno, nem caneta, nem nada que pudesse ser usado para me entreter. A cela era muito escura, e meus olhos ficavam irritados com a luz fraca. Era difícil suportar.

Com que frequência você tinha permissão para tomar banho?
A permissão era para três banhos, de vinte minutos, no máximo trinta, por semana. Quando demorava alguns minutos a mais, os policiais gritavam comigo: "O que está fazendo aí? Saia logo!". Na porta do banheiro havia uma pequena portinhola, que eles abriam com frequência para espiar lá dentro. Ficava muito incomodada e protestava, mas eles ficavam lá, gritando para que eu saísse. Para ir ao banheiro, eu tinha de apertar um botão que acendia uma luz indicando a minha cela na sala dos policiais. Toda vez que eu apertava o botão, eles vinham mal-humorados, implicando com o motivo de eu ir ao banheiro com tanta frequência, e a raiva e as reclamações me deixavam mais cautelosa em relação ao consumo de água. Eu bebia, portanto, menos água. Era muito difícil, pois eu não podia pedir nada sem ser maltratada, nem mesmo ir ao banheiro. Tudo era muito estressante.

Quando eu estava na cela menor, o vaso sanitário era muito velho e sujo, e os policiais diziam que eu tinha de usá-lo sempre que precisasse, mas de vez em quando abriam a porta e olhavam para dentro da cela. Isso me fez sentir insegura em usar aquele sanitário.

Eles a levavam para tomar ar fresco?

Sim, por vinte a trinta minutos, duas vezes por semana. Eu ficava no pátio por no máximo uma hora por semana. Os muros eram muito altos, e havia uma câmera ali. O teto era coberto com barras de ferro, e uma fina camada de talco era colocada sobre as barras.

O que fazia na cela e como passava o tempo?

Nos primeiros três dias em que estive na cela menor, tinha de fazer tudo lá dentro — não podia sair nem mesmo para ir ao banheiro. Foi difícil. Sou uma pessoa ativa e precisei tentar mudar meu jeito. À noite, às vezes eu encostava a cabeça na parede ou no vaso sanitário, que exalava um cheiro horrível e me deixava enjoada. Não havia nada que eu pudesse fazer ali. Sentia que o tempo tinha parado.

Como eram os interrogatórios?

Os interrogatórios eram opressivos. Quando voltava para a cela, chorava horas a fio. Nos primeiros dias, eu me sentia tão mal que me esquecia até de lavar o rosto. Lembro-me de que no terceiro dia de detenção, quando fui levada para o interrogatório, os policiais me disseram que a pele ao redor dos meus olhos estava preta. Percebi que não havia lavado o rosto naqueles três dias e que a maquiagem havia borrado.

Eu não obtivera permissão para tomar banho até então. Antes de ser presa, eu sofria de depressão. Quando entrei na cela em tal condição, procurei me confortar. Procurei ter esperança. Mas, depois de alguns dias, isso parou de funcionar. Obviamente, os interrogadores fizeram com que eu me sentisse pior. Durante os interrogatórios, meus familiares e eu, sobretudo minha mãe, éramos insultados abertamente. Zombavam da minha fé e a difamavam para me humilhar. Por exemplo, chamavam a igreja de cassino ou diziam: "Que é essa Bíblia que você está lendo? Vá ler o Alcorão".

Esmiuçavam os recônditos mais privados de minha vida, que nada tinham a ver com as acusações contra mim, e diziam coisas depreciativas. Interfeririam nos assuntos particulares da minha família e a julgavam e insultavam. Meu pai era chamado de desonroso, e eu estava indefesa. Lembro-me de ter chorado um dia, dizendo que amava meu pai, e de o interrogador ter permanecido em silêncio. Bem, os interrogadores pegaram meu celular e trouxeram à tona todas as minhas conversas com amigos, que eram pessoais e particulares e basicamente não tinham nada a ver com meu caso e as acusações, e me questionaram sobre elas na sala de interrogatório.

Naturalmente, todo ser humano tem relacionamentos privados, amigáveis e emocionais com sua família, conhecidos e amigos, mas os interrogadores não os respeitaram de forma alguma. Isso me surpreendeu. Um dia, o guarda da ala me chamou para fora da cela, sentou à minha frente e pediu que eu tirasse a venda dos olhos. Em seguida, começou a fazer perguntas sobre meus problemas pessoais. Era um guarda, não um interrogador, mas achou por bem saber sobre meus assuntos particulares e até mesmo me perguntar sobre eles para me insultar e humilhar.

Eu me perguntava por que, por um lado, eu ficava vendada e de frente para a parede quando era interrogada sobre o cristianismo, tendo permissão para tirar a venda só quando precisava escrever, e, por outro, quando queriam conversar comigo sobre meus problemas pessoais enquanto mulher, eles tiravam minha venda para que eu pudesse vê-los. Eu não tinha nenhuma objeção moral a isso, mas trata-se de privacidade, e ninguém tem o direito de violá-la e colocar os indivíduos sob pressão psicológica para tentar tirar vantagem deles.

A prisão a deixou doente?

Antes de ser presa, e em alguns outros momentos da vida, sofri de depressão. O fato de ser detida em confinamento solitário e interrogada piorou minha condição, devido à falta de mobilidade e à exposição ao silêncio absoluto o tempo todo.

Os interrogadores tinham pleno conhecimento de todo o meu histórico médico e do tratamento em andamento e faziam referência a ele durante os interrogatórios, mas não permitiam que eu tivesse acesso ao meu médico ou à medicação. Naturalmente, minha saúde mental se deteriorou como resultado do estresse. Lembro-me de que um dia, em minha cela, eu me senti mal. Por causa da ansiedade extrema, bati a cabeça contra a parede várias vezes, gritei. Mais tarde, fui levada para ser interrogada. Chorei e disse que não estava me sentindo bem e precisava de remédios. Depois de algumas horas, levaram-me para a sala ao lado, onde um homem me disse que era médico. Pedi a ele um remédio para tratar minha condição diagnosticada que se agravara na cela. Ele receitou comprimidos e disse para me darem todos os dias.

Nunca vi a embalagem do medicamento, mas dia e noite eles me traziam um comprimido que eu tomava na presença do policial com um copo de água. E não apenas não me senti melhor, como fiquei ainda mais ansiosa. Percebi essa mudança. Eu não estava mais sendo interrogada e fui abandonada na cela. Isso foi mais irritante e preocupante. "Bem, se ninguém quer mais nada comigo", eu disse às policiais, "por que vocês não me tiram da cela?". Mas elas não me responderam. Eu até estava disposta a sair da cela para o interrogatório, no qual sempre gritavam comigo, me humilhavam e insultavam. Eu me contentava com qualquer coisa que acontecesse, desde que pudesse pelo menos ouvir passos e ver o mundo fora da cela. Certa vez, um homem veio limpar o corredor. Durante todo o tempo em que aquele senhor varreu e limpou o chão, prendi a respiração e coloquei a cabeça perto da abertura, tentando vê-lo trabalhar por um buraco muito pequeno, mas é claro que não consegui. Mesmo assim, fiquei atrás da porta e me mantive em pé o tempo todo.

Eu não sabia se deveria confiar no interrogador ou não. Um dia, eu estava sendo interrogada. Não tinha relógio, mas sabia que era tarde. O interrogador disse que todos os meus amigos e familiares haviam dado informações importantes contra mim e começou a me culpar. Ele disse: "Veja, até sua família está depondo contra você". Acreditei nele. Chorei muito. Perguntei a mim mesma por que ninguém me defendia, por que todos haviam me abandonado. Acreditei que até meus pais estavam contra mim, e não se pode imaginar quanto meu humor piorou e quanto chorei. Mais tarde, descobri que era tudo mentira. Por causa da intensidade do confinamento solitário e do interrogatório, às vezes eu me via chorando, de joelhos, sem saber o que fazer. Eu clamava a Cristo e falava com ele. Sentia que ninguém me ajudaria além de Cristo.

SEDIGHEH MORADI

Sedigheh Moradi (1960, Teerã) foi presa duas vezes na década de 1980 e passou por momentos difíceis na detenção. Após ser libertada de sua segunda prisão, casou e teve uma filha chamada Yasaman. A ex-presa política foi detida novamente em 1º de maio de 2011 e transferida para a ala 209 da prisão de Evin. Foi condenada a dez anos de prisão pela seção 28 do Tribunal Revolucionário de Teerã, sob a acusação de *moharebeh* e ligações com a Organização dos Mujahidin do Povo Iraniano, grupo contrário ao regime. Sedigheh foi transferida para uma ala pública após sete meses e libertada em 23 de dezembro de 2016, após cumprir cinco anos de prisão. O Ministério da Inteligência a prendeu novamente em 2019, com seu marido, Mehdi Khawas Sefat, e ela ficou três meses em confinamento solitário na ala 209. Está livre atualmente.

Conte-nos sobre sua primeira experiência na prisão.

Fui detida em 15 de junho de 1981. Após a prisão, fui transferida para o quartel de Ishratabad, um centro de detenção militar com confinamento solitário. Lá fiquei por uns cinco dias. Então Mojtaba Halvaei[1] chegou e colocou todos nós, trinta presos, em uma van. Quando o veículo partiu, todos nós nos sentimos péssimos. A van saiu de

---

1   Mojtaba Halvaei Asgar era chefe de segurança da prisão de Evin. Torturava prisioneiros e participou do massacre na prisão em 1988.

Teerã e foi para Karaj. Ficamos apavorados durante todo o trajeto. Quando paramos no posto de gasolina, abrimos a parte traseira do carro para que pelo menos as pessoas pudessem nos ver. Por fim nos levaram a um celeiro na estrada de Karaj. Dois grupos, de quinze pessoas cada um, foram colocados em dois estábulos. Trancaram as portas das baias com varas. O lugar era horrível e totalmente anti-higiênico. Os únicos alimentos fornecidos eram pão e queijo. Também nos davam pepinos à noite. A maioria de nós enfraqueceu muito.

O sr. Kachuei[2] veio e nos chamou por números, em vez de nomes. Meu número era catorze. Do dia seguinte em diante, fomos açoitados. A maioria dos prisioneiros era membro da organização Mujahedin-e-Khalq, mas três deles eram esquerdistas. Durante o dia, os estábulos eram abertos por uma hora para que pudéssemos ir ao banheiro. Ficamos lá por cerca de um mês. Depois nos levaram para Ghezel Hesar. Ali permanecemos do fim de julho a fevereiro do ano seguinte. Ainda não havíamos revelado nossos nomes às autoridades. Quando Haj Davood[3] e Souri[4] chegaram, descobriram nossas identidades. Em seguida, fomos transferidos para Evin. No presídio, ficamos em uma ala pública. À nossa frente havia uma cela para prisioneiros solteiros.

Éramos quatrocentas pessoas em quatro celas grandes com três camas em cada uma. A maneira como os guardas tratavam os prisioneiros era estranha. Por exemplo, Haj Davood isolava qualquer um que usasse casaco xadrez ou óculos com armação preta. Em uma ocasião,

---

2 Mohammad Kachuei foi o primeiro supervisor da prisão de Evin depois da Revolução Islâmica e foi assassinado em 29 de julho de 1981 pela organização Mujahedin-e-Khalq.

3 Davood Rahmani, conhecido como Haj Davood, foi o primeiro supervisor do presídio de Ghezel Hesar, em Teerã, depois da Revolução Iraniana de 1957. Do verão de 1981 a julho de 1984 — período hoje conhecido como um reino do terror —, foi diretor de Ghezel Hesar. Haj Davood implantou muitas formas novas de tortura.

4 Hojjatollah Souri foi membro da direção do presídio de Ghezel Hesar e mais tarde se tornou diretor de Evin. Em 2011, foi condenado pela União Europeia por tortura e abuso de prisioneiros.

na cela 1, havia muitos prisioneiros na cama, então ela se quebrou. As pessoas caíram umas sobre as outras e se machucaram.

De qualquer forma, fui libertada em março.

Conte-nos sobre sua experiência de confinamento solitário ao ser presa pela segunda vez.

Fui detida novamente em agosto de 1985. Eles me bateram e me xingaram desde o momento da prisão. Foi estranho quando me perguntaram meu nome, sobrenome e tamanho do sapato. Depois me dei conta do motivo.

Primeiro eles me levaram para um centro de detenção.

Eu estava sozinha na cela. As paredes eram brancas e alaranjadas. Não existia nada lá dentro. Havia uma janela no alto da parede; eu tinha de me esticar para ver um pouco do céu através dela. Fiquei naquela cela por cerca de dois meses. Ouvia o sino da Universidade Nacional tocar. Fui amarrada a uma cama desde a primeira vez que fui para o interrogatório. Puxaram meus braços e pernas e os amarraram. Aquilo doeu muito. As amarras atingiam a sola dos meus pés. Meu corpo inteiro tremia. Eu chorava. Era como se eu estivesse morrendo. A dor nas costas era menos intensa. Eles puxaram minha cabeça para trás, machucando meu pescoço. Lembro que desmaiei, e jogaram água em mim com um jarro. Eu não conseguia ficar de pé, mas me forçaram.

Sofrer sob interrogatório e ser golpeada com cabos é mais tolerável do que ouvir as vozes de outras pessoas sendo açoitadas. Voltei para minha cela depois de ter sido açoitada. Eu estava péssima. No andar de baixo havia as celas das mulheres e no de cima as dos homens. Quando os homens do andar de cima cantavam, eu os ouvia, e isso me dava força.

Os guardas eram irritantes. Em intervalos de poucas horas, abriam a porta e me ameaçavam. Havia uma garota muito jovem a duas celas de distância da minha. Acho que tinha dezessete ou dezoito anos. De acordo com os guardas, seu nome era Kajal. Ela havia sofrido muita tortura. Dois dias depois, soube que fora levada para ser executada. Ouvi-a dizer que havia cortado a cabeça de um guarda do CGRI com um caco afiado de cerâmica.

Também ouvia as mães idosas. Pediam-lhes o endereço de seus filhos... eram questionadas sobre os esconderijos deles. Elas não sabiam ou não queriam dizer. Lembro-me de uma mulher de sessenta anos que foi açoitada com cabos e voltou para a ala porque não quis dizer onde estava o filho.

Como você passava o tempo?

Lembro-me de um dia em que fui açoitada com cabos e fiquei péssima. Cantei as músicas de que me lembrava. Na época, era solteira e não morava com minha família, então pensava nos meus amigos. Ocupava o tempo pensando nos lugares que havia visitado e nas coisas que havia feito. Eu não tinha o Alcorão, mas pensava nos capítulos que havia memorizado. Lembrava-me dos filmes que tinha visto.

Eu não tinha nada na cela. No início, não tinha nem uma colher, e, quando reclamei, disseram-me para aprender a comer sem uma. Depois de um tempo me deram uma colher de alumínio.

Eu sabia que precisava andar, mas não conseguia. Ficava deitada a maior parte do tempo. Falava em voz alta e tentava ouvir minha voz como se estivesse vindo de outra pessoa. Era silencioso, exceto quando os prisioneiros cantavam no andar de cima. O som mais bonito era o do sinal da Universidade Nacional. Sentia que a vida estava acontecendo quando, por exemplo, ouvia uma motocicleta ou um vendedor de frutas. Eu me sentia viva.

Qual foi o efeito em você das paredes brancas e do silêncio na cela?

Foi devastador. Por um longo tempo, parecia que não existia nada no mundo. Não sei como expressar isso. Naqueles momentos, era como se eu estivesse longe de tudo. Era como se tivesse sido esquecida. Orava para que Deus me ajudasse. Cantava tudo o que sabia para não me angustiar tanto com a solidão. Um dia, uma borboleta pousou no carpete. Comecei a conversar com ela. Falei com ela como se fosse uma amiga querida. O guarda veio e começou a me xingar, dizendo que éramos todos loucos. Eu tinha ficado muito feliz com a presença da borboleta, mas não disse nada sobre ela. Bem, eu me sentia perturbada naquele momento porque os prisioneiros estavam sendo levados para a execução. No entanto, eu me repreendia e dizia que não estava sozinha; os prisioneiros do andar de cima eram meus irmãos, e as prisioneiras das celas ao lado da minha, minhas mães e irmãs.

Um dia, o guarda da prisão me disse para me aprontar. Achei que ia ser executada. "Para onde está me levando?", perguntei. "Para onde você esperava", respondeu ele. Eu não tinha nada para levar comigo. Tinha uma calça confortável que havia comprado por quinhentos tomans. Peguei-a e saí. Achei mesmo que seria executada. Quanta coisa eu ainda tinha por fazer? Mas o tempo estava acabando. Comecei a recitar o verso Ayat al-Kursi.[5] Primeiro me levaram para o depósito. Havia muitas coisas lá. Entregaram minha bolsa e saímos. Notei que havia muitas pessoas na fila. Fiquei atrás de uma garota cujo nome era Maria. Perguntei se ela sabia para onde estávamos indo, e ela também não sabia. Por fim, descobrimos que estávamos sendo transferidas para as alas públicas, mas, como minhas acusações eram políticas, fui transferida para a ala 209.

Fale-nos sobre as celas da 209 e de sua nova condição.
As celas tinham aproximadamente o mesmo tamanho. Entrei em uma delas — a porta e as paredes estavam cobertas de escritos. Li os poemas de Shamlou. Li "Vartan

---

5   O Verso do Trono é o 255º verso da segunda sura do Alcorão, Al-Baqarah. É considerado uma poderosa proteção no mundo islâmico.

não disse sequer uma palavra"[6] várias vezes. Decidi não ler todos de uma vez, mas alguns deles todos os dias. Dentro da cela não havia nada para me entreter. Não via nem ouvia ninguém. Era difícil. Obviamente, eu tinha um plano para mim mesma. Tinha o plano de ler o Alcorão. Tentei não pensar no mundo exterior. Um dia, estava lendo o Alcorão e, quando cheguei à quadragésima sétima sura (Muhammad [Maomé]), a porta se abriu e fui chamada. Minha mãe tinha vindo me visitar. Fiquei muito feliz por enfim ver alguém e por meu primeiro encontro ser com ela. Minha mãe estava sozinha e de bom humor. Fiquei rejuvenescida ao ver seu ânimo. Ela não tinha nenhuma notícia ou informação importante sobre a organização ou meus companheiros, mas o encontro foi muito positivo para mim.

Quanto tempo você ficou em confinamento solitário em 1985?
Fiquei em confinamento solitário no centro de detenção por cerca de um mês. Depois fui levada para o porão da ala 209. O teto da cela estava apodrecendo, e besouros grandes caíam sobre minha cabeça. Cheirava a óleo queimado. Na 209, as celas eram diferentes. A minha ficava em um dos primeiros andares. Eu não conseguia ver o céu. No centro de detenção, eles nos espancavam para obter informações durante os interrogatórios.

Quando me perguntaram que número eu calçava, respondi 37, mas, depois que fui torturada, tive de andar com chinelos tamanho 42. Os interrogatórios no centro de detenção eram conduzidos por agentes da inteligência. Lá, fui mantida em confinamento solitário por cerca de dois meses e, na ala 209, por um mês. Nessa última, fui deixada na cela sem ser interrogada de verdade. Depois que meu interrogatório terminou na 209, fui enviada para a seção 4.

---

6 Vartan Salakhanian foi um prisioneiro político de esquerda que se recusou a informar os nomes de seus companheiros e foi torturado até a morte. O poema de Ahmad Shamlou sobre ele é muito popular no Irã.

Fui para uma sala fechada com mais vinte pessoas do Partido Tudeh[7] e da Fadaian.[8] O interrogatório mais uma vez começou em uma sala fechada. Quando eu estava na cela, a campainha e os passos do guarda prisional que passava por lá me deixavam enjoada. Suspirava aliviada quando o carcereiro se afastava.

O que você ouvia das suas companheiras de cela?
Minhas companheiras passaram por momentos difíceis na cela, mas, por exemplo, a sra. Soraya Moradi, membro da Rah-e Kargar,[9] sempre manteve a disposição e nos deu coragem, embora seu marido tivesse sido executado e ela mesma açoitada com cabos, de tal forma que a pele da sola de seus pés ficou tão fina quanto a de um bebê. Fui espancada durante os interrogatórios, e meus olhos também foram feridos. Para ajudar umas às outras a suportar a situação, juntamos nossa coragem. A comida não era ruim, mas não conseguíamos comer nada.

Como você descreveria os efeitos do confinamento solitário e da tortura em suas companheiras de prisão?
Vi muitas mulheres cujo equilíbrio mental e comportamental foi perturbado após a tortura e o confinamento solitário. Uma mulher chamada Marzieh conversava consigo mesma por horas sob o cobertor e ria. Ela havia sido severamente torturada.

Uma mulher chamada Nasrin veio até nós e estendeu a mão. "Vocês mataram meu marido?", perguntou ela. Nós dissemos que não, e foi embora. Ela corria e repetia o nome do marido. Sei que esteve na solitária, mas desconheço os detalhes.

---

7   O Partido Tudeh do Irã é um partido comunista fundado em 1941.
8   A Organização de Fadaian (Maioria) das Pessoas do Irã é um partido de esquerda e de oposição em exílio que defende uma república secular.
9   A Organização dos Trabalhadores Revolucionários do Irã é uma organização marxista-leninista fundada em 1978 e atualmente exilada na Alemanha.

Em 1981, fomos mantidas no calabouço[10] do presídio de Ghezel Hesar, e uma mulher chamada Anahita foi submetida a condições ainda mais extremas, acorrentada à porta da frente. Era uma cena excruciante. Havia uma ex-médica chamada Mojgan (ou Mojdeh) que não comia nada além de pão seco e achava que, em vez de carne, eles colocavam os pés dos prisioneiros *taziri*[11] na comida.

Em Evin, em 1985, havia duas irmãs, Nadereh, que era estudante e tinha dezessete anos, e Tahereh S., que cursara engenharia de comunicação. Tahereh havia tentado suicídio duas vezes sob a pressão intensa. Nadereh ficou quase louca. Ela arrancava todas as roupas, ficava embaixo da lâmpada e girava. Ia ao banheiro e se deitava. Sempre dizia que alguém estava falando com ela. Não machucava ninguém. No meio da noite, ela nos acordava e dizia que queria falar sobre algo que havia lembrado.

Uma mulher chamada Farzaneh era engenheira agrícola. Eu a conheci em Ghezel Hesar em 1981; ela estava grávida na época e foi libertada. Também fui solta e, quando voltei a ser presa, em 1985, vi que Farzaneh havia sido detida antes de mim, mas dessa vez tinha perdido a sanidade. Não ia ao banheiro e estava em péssimas condições.

Bem, o confinamento solitário era difícil. O tempo não passava. Na cela, a única coisa que nos acalmava um pouco era ouvir as vozes de outros prisioneiros. Havia também a solidariedade. Quando todas éramos açoitadas com cabos, tínhamos de suportar a dor agonizante. Precisávamos conversar.

Não podíamos sair da área apertada da cela nem mesmo para ir ao banheiro, porque havia um vaso sanitário

---

10 Na tradução para o inglês, é usado o termo "Under Eight" para se referir ao lugar onde as celas de confinamento solitário estão localizadas. O termo também é usado para se referir à parte da prisão onde os prisioneiros são torturados, seja por confinamento solitário, seja por abusos físicos.

11 Ofensas *tazir* são crimes para os quais não há uma punição prescrita no Alcorão ou no *hadith* [registro escrito das comunicações orais do profeta Maomé]. A punição fica a critério do Estado.

lá dentro. Não éramos levadas para tomar ar fresco. Eu saía da cela somente para ser interrogada ou para tomar banho, uma vez por semana, por apenas alguns minutos. Estávamos sempre ansiosas, com medo dos guardas do sexo masculino e preocupadas em ouvir as vozes das companheiras que estavam sendo torturadas nas salas de interrogatório.

Quando foi sua prisão seguinte e por que ocorreu?
Fui presa em 1º de maio de 2011 às oito da manhã e transferida para a ala 209. Entrei na cela 22 no segundo corredor da ala. Quando fui presa, estava com fortes dores nas costas e um problema no nervo ciático. Eu me contorcia de dor no chão. A cela era muito escura, e foi mais difícil suportar a situação em comparação com as vezes anteriores, porque agora eu era casada e tinha uma filha, Yasaman. Ficava pensando nela.

Yasaman chorava quando fui presa em minha casa. Tiveram dificuldade em convencê-la a ir para a escola. A coisa mais difícil para mim foi deixá-la. Mais tarde, soube que meu marido, Mehdi, ficara doente depois da minha prisão.

Os interrogatórios começaram no dia seguinte à minha prisão. Alguns dias depois, percebi que minha audição estava prejudicada e minha voz não saía. O médico da prisão disse que ambos foram causados por choque nervoso. Bebi água fervida. Me levaram para outra cela. Fui transferida para a de número 25, que era pior, menor. O vaso sanitário ficava dentro da cela e era escuro. Isso me fez lembrar da minha cela em 1985, que também tinha um sanitário. Era sufocante estar em um cômodo tão pequeno, onde eu só conseguia dar três passos sem bater na parede. Desde o começo da minha detenção, decidi não pensar em Yasaman, mas não conseguia me conter. Meu pensamento se concentrava no que podia ter acontecido à minha filha. Queria notícias dela, mas não permitiram que eu lhe telefonasse ou a encontrasse. Falei ao meu interrogador que não responderia nada até ter notícias de minha filha. Demorou três semanas para que me permitissem fazer uma ligação.

A condição da sua cela era diferente daquela de 1985?
A cela era pequena, escura e não ventilada, como antes. Estava sem meus óculos e não conseguia ver nem ler nada, nem mesmo o Alcorão. Não havia nada além do Alcorão naquela cela, e eu nem podia ler. Também não tinha caneta e papel. A solidão era absoluta, e o tempo não passava. Fiquei naquela cela por dois meses e meio. Eu me levantava toda vez que a irritante campainha tocava, até mesmo à noite, quando estava dormindo. Certa vez, ouvi uma mulher imitando a voz de uma criança. A princípio, achei que tinham trazido uma criança para a ala, mas depois percebi o que estava acontecendo.

Mais tarde, fui levada para a cela 12. A condição não era diferente. Era menos iluminada e um pouco maior, mas foi uma grande mudança para mim, e agradeci a Deus. Para ir ao banheiro, tínhamos de apertar um botão para que as guardas viessem e nos levassem. Ir e voltar do banheiro e tomar banho por alguns minutos diariamente fez uma pequena diferença. Quando me levavam para tomar ar fresco, a melhor coisa era ver o céu. Eu sentia que não estava sozinha, e isso fortalecia meu espírito. Eu usava um xador quando era levada para fora.

Por quanto tempo ficou em confinamento solitário?
Foram dois meses e meio. Um dia, a chefe da ala veio à minha cela com um copo de plástico contendo chá e disse que eu tinha uma convidada. Senti que minha solidão estava prestes a acabar. Uma mulher cristã tornou-se minha companheira de cela. Quando ela entrou e tirou a venda dos olhos, eu a abracei e beijei. Pedi desculpas por ter feito isso inesperadamente. Eu estava muito triste. Eu me apresentei, e começamos a conversar.

Como era a comida?

Depois de muito tempo, disseram que, se tivéssemos dinheiro, poderíamos comprar frutas. Quando fui presa, tinha algum dinheiro comigo, então comprei algumas frutas. Eu havia perdido sete quilos na primeira semana e não conseguia comer. Estava em estado de choque. Desenvolvi úlceras hemorrágicas. A única coisa que conseguia comer era a tâmara com chá que traziam de manhã e à noite. Passaram-se duas ou três semanas até recuperar minha voz, e eu não conseguia falar. Na sala de interrogatório, precisava beber água quente para poder falar um pouco.

Quantas vezes a interrogaram durante seu tempo em confinamento solitário?

Acho que fui interrogada vinte vezes em dois meses. A pressão nos interrogatórios era grande. Eles me davam roupas e diziam para eu me preparar para a entrevista. Durante um dos interrogatórios, perdi o equilíbrio e fui transferida para o centro médico da ala. Havia um médico, que disseram ser neurologista. Eu não conseguia me manter em pé. Ele pôs um antipsicótico sob minha língua. Senti que não conseguia me controlar. Fiquei letárgica por três dias e não conseguia nem falar.

Alguma vez, sob a pressão dos interrogatórios e das condições difíceis da cela, pensou que fosse desistir?

Quando fui pressionada a dar uma entrevista para a TV, o que me deixou arrasada foi o fato de terem ameaçado meu marido e, sobretudo, minha filhinha. Quando voltei para a cela depois de um interrogatório repleto de ameaças, minhas companheiras de prisão, Faran e Noushin, viram como eu estava arrasada. Os interrogadores disseram que éramos nove e que todas precisavam ser entrevistadas, e eu não seria exceção. Por fim, uma noite eu disse que daria a entrevista só para me livrar da pressão do interrogatório e da cela. A data foi decidida, voltei para a cela e não dormi até as quatro da manhã. Disse a Faran e Noushin que havia mudado de ideia — não daria entrevista. Mas os interrogadores não me deixaram escapar tão facilmente.

Quando a guarda veio me buscar na manhã seguinte, pedi a ela que dissesse aos interrogadores que eu não iria. Quando fui levada para a sala de interrogatório, começaram a gritar: "Você está brincando conosco?". A pressão era muito grande por conta das ameaças a Yasaman. Por causa dela, dessa vez a situação foi mais difícil do que as anteriores. Quando lhes disse que era impossível dar uma entrevista, senti-me destemida. Não tinha mais medo de nada. As ameaças deles eram absurdas para mim.

O que fazia para fortalecer sua resistência?
Eu repassava em minha mente as lembranças das lutas das gerações passadas. Pensava nas mães que foram mortas por causa de seus filhos. Lia o Alcorão. Pensava que muitas mães haviam sido separadas dos filhos por causa de seus objetivos e ideais.

Eu me exercitava todas as manhãs. Quando estava sozinha na cela, falava comigo mesma em um tom de voz que permitia que fosse ouvida na cela ao lado. Pedia um jornal. Não tinha livros. Eu me sentia extremamente triste ao pôr do sol quando não tinha companhia na cela. Mais tarde, quando passei a dividi-la com mais duas pessoas, pedimos um televisor porque não sabíamos nada a respeito dos assuntos atuais.

Fale-nos sobre sua filha e sobre como ela lidou com a situação.
Na cela, pensava que não tinha sido capaz de cuidar da minha filha adequadamente ou tão bem quanto deveria. Isso partia meu coração. Pedia a Deus a chance para reparar o que fiz. Meu primeiro encontro com Yasaman ocorreu cerca de três meses após ser presa. Ela não levantou a cabeça. Eu estava muito ansiosa para vê-la e tentei fingir que estava de bom humor. Continuei dizendo a ela que estava bem.

Em outra ocasião, perguntei por que não havia erguido a cabeça e olhado para mim; ela respondeu que estava com medo de chorar. Minha filha era muito jovem, mas sabia que eu estava em uma situação ruim e fragilizada. Essa detenção não foi nem um pouco comparável às duas anteriores. Não conseguia deixar de pensar constantemente em minha filha.

Como era a higiene da cela?
Péssima. O vaso sanitário era imundo. Não havia um local separado para lavar roupas, e peguei uma doença de pele. O banheiro também era imundo. Comprei detergente para limpar o local antes de usá-lo. Tínhamos de varrer o quarto com uma vassoura pequena e quebrada.

Não fui torturada fisicamente durante minha prisão em 2011; a tortura era psicológica. Na década de 1980, fui torturada para confessar coisas, mas dessa vez, embora tenha sido perseguida psicologicamente, ninguém me pediu informações. Eles não queriam investigar nada; já sabiam de tudo. Mesmo assim nos mantiveram na cela para que confessássemos.

NAZILA NOURI &
SHOKOUFEH YADOLLAHI

Nazila Nouri (1968) e **Shokoufeh Yadollahi** (1969) são dervixes sufistas da ordem Nimatullahi. Foram presas em 20 de fevereiro de 2018, na Sétima Rua Golestan, durante uma reunião de sua comunidade religiosa, motivada pelo fato de que postos de controle de segurança haviam sido instalados na rua onde o dr. Nour-Ali Tabandeh,[1] o Qutb (líder espiritual) da ordem Nimatullahi, morava, em meio a rumores de sua possível prisão. Cerca de cem dervixes da ordem foram presos e espancados pelas forças de segurança, o que fez com que já estivessem gravemente feridos e sangrando ao serem enviados para a solitária. Nazila foi condenada a um ano de prisão; após ser libertada, em 2019, voltou a exercer a medicina. Shokoufeh recebeu uma sentença de cinco anos, a qual foi reduzida para dois após recurso; foi libertada em 2020.

Nazila, como eram as condições de seu confinamento solitário e quando vocês foram presas?

Fomos presas às três horas da manhã, e nos mantiveram na rua até as seis da manhã.

Às sete, chegamos ao Centro de Detenção da rua Shapur. Mantiveram os homens ali e nos levaram para o Centro de

---

1   Dr. Nour-Ali Tabandeh era o líder espiritual da Nimatullahi (sultão Ali Shahi) Gonaba-di, a maior ordem sufista do Irã. Faleceu em 2019.

Detenção de Vozara. Ficamos lá até o anoitecer e depois fomos transferidas para o presídio de Shahr-e-Rey.

Nossas roupas estavam ensanguentadas e encharcadas por causa dos canhões de água, e continuamos vestidas com elas. Outras mulheres foram transferidas para celas com a cabeça machucada e sangue escorrendo dos ferimentos. Sepideh Moradi[2] foi levada para uma cela em Shahr-e-Rey com as pernas inchadas e outros ferimentos. Eu também havia sido severamente espancada, e meus pulsos estavam muito machucados. Sentia dores terríveis e estava sangrando por conta de um golpe na cabeça. Shokoufeh também foi atingida na cabeça, tendo uma fratura no crânio, mas todas nós fomos transferidas nessas condições para três celas de quarentena, as quais não dispunham de recursos. Uma delas tinha dois por dois metros, e fomos alocadas ali. O banheiro da cela não era separado por porta ou parede, e era um tormento usá-lo na presença de outras duas pessoas em uma cela tão pequena. A porta da cela era de metal, com uma portinhola. O vaso estava entupido, e a água do esgoto transbordara. O cheiro da cela era nauseante. Cobríamos a boca e o nariz com as roupas para tentar suportar o mau cheiro.

Uma de nós, asmática, estava tão debilitada que respirava com dificuldade. Foi levada ao centro médico várias vezes em condições muito ruins, mas voltava sem receber tratamento, no mesmo estado de antes. Em uma das celas, o vaso sanitário tinha expelido tanto esgoto que não podia mais ser usado. Uma lâmpada no teto ficava acesa dia e noite e era muito fraca, cansando nossos olhos — era tão fraca que teríamos preferido desligá-la completamente.

Conte-nos mais sobre o padrão de higiene.
Havia um chuveiro logo acima do vaso sanitário, mas era impossível ficar de pé ali com o vaso entupido e o esgoto

---

2 Sepideh Moradi é dervixe e também foi presa em 2018 depois de embates com as forças de segurança. Foi sentenciada *in absentia* a cinco anos de prisão.

transbordando. O banheiro estava tão sujo que o mau cheiro nos incomodava o tempo inteiro. Até mesmo à noite, quando queríamos dormir, levantávamos a gola da blusa e a colocávamos em volta da boca e do nariz para tentar descansar. Pedimos aos oficiais detergente e desinfetante para, ao menos, limpar os banheiros, mas não nos deram os produtos, nem mesmo uma escova. A sujeira parecia ter se acumulado no vaso sanitário por anos e não podia ser limpa. O ralo estava tão entupido que precisamos colocar um cobertor dentro de um saco de lixo e usá-lo para tampar o vaso sanitário, a fim de nos livrar do mau cheiro por um tempo. Eles tampouco forneceram itens de higiene suficientes para o banho. Quando entramos na cela, eles nos deram um pequeno frasco de xampu. Nosso cabelo ficou áspero e embaraçado. A água no presídio de Qarchak[3] era a pior, completamente salgada, e tomar banho com ela arruinava a pele e o cabelo.

Vocês tinham direito a ar fresco?
Não saímos da cela por dez dias, ficando sob a luz da lâmpada. Depois, começaram a levar as prisioneiras para tomar ar fresco. No início, éramos levadas diariamente por vinte minutos. Mais tarde, passaram a ser trinta minutos.

Como era a alimentação?
Nos primeiros dias, só nos deram pão e halva [doce típico iraniano feito com gergelim]. Uma das detentas era diabética, e eu a ouvi protestar que não podia comer pão e farinha todos os dias. Ela estava morrendo de fome por causa disso. Depois de alguns dias, serviram-nos pequenos pedaços de queijo e pão. Não tínhamos água potável e bebíamos a da torneira, que era salgada e não era segura. Protestamos e pedimos água potável engarrafada. Até registramos uma queixa.

---

3   Infame por suas condições terríveis, o presídio de Qarchak, em Teerã, tem mil e quatrocentas mulheres encarceradas, duas vezes sua capacidade.

Vocês foram interrogadas?

Algumas de nós foram levadas ao Departamento de Investigação Criminal de Shapour para interrogatório. Quem o conhece sabe que esse é um dos lugares mais assustadores e complicados para levar os acusados. Vários dervixes foram torturados e espancados ali de maneiras horríveis. Estávamos em Qarchak, em celas de confinamento solitário com quatro trancas na porta. Não tínhamos acesso a nada, e não havia possibilidade de comunicação. Um dia, Elham Ahmadi, uma colega dervixe, foi tirada da cela. Ficamos esperando por ela, mas não a traziam de volta. Os oficiais não nos diziam onde ela estava, não importava quantas vezes perguntássemos. Só foi devolvida dois dias e três noites depois. Descobrimos mais tarde que havia sido levada a Shapour para ser interrogada. O Departamento era muito sujo, e os que ficaram presos lá por algum tempo sofreram de várias infestações, como piolhos. É claro que alguns de nós também foram interrogados em Qarchak. Nossos interrogadores vinham de duas instituições: o Ministério da Inteligência e a Guarda Revolucionária.

Você foi presa com seus filhos. Como a prisão dos membros de sua família a afetou?

Meu filho Kiarash, então com vinte anos, foi preso comigo. Por algum tempo eu não soube o que estava acontecendo com ele. Minha maior preocupação era com meu filho. Na primeira vez em que me permitiram ligar para meu marido, pedi que me desse informações sobre o estado de saúde de Kiarash, que fora baleado e ferido no momento da abordagem. Minha última imagem dele era com ferimentos muito profundos, e muito depois eu soube que Kiarash havia sido mantido em Shapour por três meses e suportado condições terríveis. Fomos presos em março de 2018, e Kiarash ficara encarcerado em uma cela por um mês sem ter permissão sequer para trocar de roupa.

Nazila, você ficou sozinha em uma cela por um tempo. Conte-nos sobre esse período.

Fui submetida a uma curetagem no hospital e, ao voltar para a prisão, fui transferida para outra cela e deixada sozinha. A prisioneira da cela ao lado me disse que as dervixes estavam sendo eletrocutadas no corredor, algo que ela já tinha testemunhado. Minha cela ficava a quatro portas de distância do corredor. Eu podia ouvir o choque elétrico. Quando fui transferida do hospital para a cela, ainda sofria uma hemorragia em decorrência da cirurgia e não me sentia bem. Protestei e pedi que ao menos me fornecessem água.

Não me deram comida nem água durante dois dias, e ninguém veio me ver. Iniciei uma greve de fome seca porque estava furiosa tanto com o espancamento das prisioneiras dervixes que haviam iniciado uma greve de fome sentadas no corredor quanto com a maneira como os oficiais me tratavam.

Eu não me sentia bem porque tinha acabado de voltar do hospital e de uma cirurgia. Precisava de cuidados e higiene, mas não me entregaram sabonete nem xampu. Fui deixada em uma cela sem nenhuma instalação sanitária. No quarto dia da greve de fome seca, minha febre aumentou muito. Não fui ao hospital e tampouco permiti que medissem a temperatura e a pressão arterial. Os agentes foram até Shokoufeh e a trouxeram até mim com um copo de água a fim de interromper minha greve. Encerrei o jejum e fui mantida em uma cela por onze dias.

Shokoufeh, você também fez greve de fome no confinamento solitário e na ala pública?

Quando fomos retiradas das celas de quarentena, começamos um protesto sentado contra o fato de não termos permissão para fazer ligações telefônicas após meses de confinamento solitário. Pedimos que nossas reivindicações fossem consideradas. Os guardas da prisão nos atacaram em grupo, e vi com meus próprios olhos o sr. Pour-Abdul ordenar o ataque. Os agentes nos atingiram na cabeça e no rosto com um bastão elétrico para gado. Fui eletrocutada de tal forma que fiquei completamente entorpecida; eles me deram choques da cabeça aos pés. Nossas roupas ficaram todas rasgadas, e fomos severamente espancadas. Foi por isso que decidimos fazer a greve de fome. As outras dervixes nas celas fizeram o mesmo.

Fizemos greve de fome por dezoito dias, e só a interrompemos depois de uma mensagem de nossos amigos. Durante esse período, nossos familiares nos esperaram em frente à prisão — ficaram na porta para encontrar os funcionários e questioná-los sobre nossa situação.

Como eram suas visitas?
Tínhamos um encontro a cada três meses.

Nazila, que tipo de código de vestimenta você precisava seguir?
Quando fomos levadas para Qarchak, o uso do xador era obrigatório. Para que o restante dos prisioneiros não sentisse que éramos um grupo à parte, concordamos em usá-lo. Um dia, fui chamada para ir ao escritório do chefe da ala. Eu usava um casaco e um lenço. O funcionário disse que eu não tinha permissão para vê-lo sem xador.

"É assim", insisti, "caso contrário, não irei". E voltei para a cama. Por fim, eles tiveram de aceitar, e fui com um casaco e um lenço. Então, certo dia me chamaram para encontrar minha família e mais uma vez saí sem o xador. Os agentes me impediram de ir à sala de reunião sem a peça, então retornei para a cela. O agente voltou e disse que minha família tinha ido para uma visita depois de três meses e me pediu para usar o xador. Falei que não usaria. Eles enfim concordaram, e fui encontrar meus familiares sem o xador.

Shokoufeh, conte-nos um pouco sobre como se sentia na cela e na quarentena.

Fui ferida na cabeça durante a captura e, como resultado, tive sequelas. Um deles foi a perda do olfato. Meu ferimento na cabeça infeccionou, e tive febre. Eu me sentia péssima à noite. Lembro-me de uma ocasião em que não conseguia dormir, então me levantei no meio da noite para jogar um pouco de água morna na cabeça e me sentir um pouco melhor. Era difícil, mas eu tentava ficar bem. O fato é que na cela eu tinha paz interior.

Eu não recebia notícias da condição do dr. Nour-Ali Tabandeh, e isso me preocupava. Não saber sobre meus três filhos era outra preocupação. Kasra e Pouria estavam presos por serem dervixes. Amir não era dervixe, mas também foi detido, e fiquei muito chateada por ele ter sido levado por minha causa e de seus irmãos. A maneira como meus filhos lidavam com essa situação difícil me preocupava muito. Kasra fora condenado a doze anos de prisão, Amir a cinco, e Pouria a oito meses. Kasra e Amir continuam detidos.

Nazila:

Na cela, eu sentia que alguém me observava o tempo todo. Estava sozinha e não tinha nada além de dois cobertores. A higiene e a limpeza eram péssimas, mas ainda assim me sentia bem. Estava preocupada com Kiarash. Fiquei muito preocupada quando soube que ele não havia retornado depois de ter sido enviado para a penitenciária central da Grande Teerã e em seguida retirado de lá.

Ouvi dizer que ele estava sofrendo muita pressão para confessar acusações falsas. Quando ligava para meu marido, eu lhe pedia para procurar Kiarash, para que ele não fosse torturado como Sattar Beheshti[4] e morto na solitária. Temia que ele fosse forçado a confessar mentiras

---

4 Seyyed Sattar Beheshti morreu em 2012 depois de ser preso pela polícia cibernética do Irã e ter reclamado da tortura sob custódia.

e condenado à morte. Não ter notícias de Kiarash foi o pior e mais amargo momento da minha vida. Quando, três meses depois, soube onde ele estava, suspirei aliviada. Na noite da minha prisão, fui forçada a deixá-lo gravemente ferido. Eu sabia que, mesmo nessa condição, ele ainda teria de suportar muita coerção e sofrimento.

De modo geral, sinto que, durante esse período, muitas coisas que eram valiosas para mim fora da prisão deixaram de ter importância, e coisas que eu costumava considerar naturais, como caminhar na rua Pasdaran, ganharam outro valor. É claro que Kiarash, condenado a dezesseis anos e meio de prisão, ainda é uma das minhas maiores preocupações.

MARZIEH AMIRI

Marzieh Amiri Ghahfarrokhi é jornalista econômica do jornal iraniano *Sharq* e ativista pelos estudantes e pelos direitos das mulheres. Foi presa enquanto cobria a situação dos detentos da manifestação do Dia Internacional do Trabalho na região de Arg, em Teerã, em 2019. Já havia sido detida em 8 de março de 2018 com inúmeras outras pessoas por ter participado de uma cerimônia em homenagem ao Dia Internacional da Mulher. Marzieh foi condenada a dez anos e seis meses da prisão e 148 chibatadas pela Corte Revolucionária da República Islâmica, tendo que cumprir pelo menos seis anos atrás das grades. Após o pagamento de uma fiança, foi solta temporariamente da prisão de Evin em 26 de outubro de 2019. Continua atuando como jornalista.

Como você foi presa e por que foi transferida para o confinamento solitário?

Fui presa no dia 1º de maio, Dia Internacional do Trabalho, tendo sido transferida imediatamente para o centro de detenção de Vozara, onde passei a noite. Éramos cerca de doze pessoas e fomos divididos em duas celas. No dia seguinte, levaram-nos para o tribunal e, de lá, me conduziram para um lugar parecido com uma mesquita ou uma *hosayniya*,[1] não tenho certeza. Fiquei lá por seis horas

---

1   Uma *hosayniya* é um salão congregacional das cerimônias muçulmanas do xiismo duodecimano, especialmente as dedicadas ao luto e ao martírio do imã Hussain de Karbala.

aproximadamente. Não tinha ideia de onde estava ou o que aconteceria, exceto que me encontrava em um salão vazio e alguns homens mascarados iam e vinham. Uma guarda aparecia de vez em quando para me inspecionar e logo ia embora. Protestei nos primeiros minutos, perguntando onde estava e exigindo o direito de fazer ligações telefônicas, mas é claro que ninguém respondeu. Comecei a gritar. Em resposta, ouvi somente um "Cale a boca, mulher", mas meia hora depois fui levada para uma van e então para o centro de detenção, que mais tarde descobri fazer parte do Campo de Sarollah. Fui mantida lá por nove dias. A cela media cerca de três por três metros e tinha um banheiro com chuveiro. A porta pesada contava com uma portinhola e, é claro, permanecia sempre fechada, exceto quando nos traziam comida e chá — nesses momentos, abriam somente a portinhola e a fechavam de imediato.

Como era a atmosfera na cela?
Não havia nenhum tipo de barulho na ala. Era um lugar terrível, porque eu não sabia se havia outras pessoas presas além de mim.

Você foi transferida depois de nove dias?
Sim, depois de nove dias fui transferida para a ala 209. Ali fiquei em confinamento solitário por vinte e oito dias.

A cela era minúscula: cerca de um metro e vinte por um metro e oitenta. Era próxima de um banheiro e tinha uma porta de ferro com uma portinhola. Deixavam a porta aberta durante o dia. Ao me aproximar do banheiro, podia ouvir as vozes das prisioneiras sendo levadas para lá ou de volta para as celas. Também éramos vendadas, mas o uso das vendas não era tão rigoroso na ala 209 como no Campo de Sarollah. Consistia em uma peça de tecido, e era possível ajustá-la um pouco e não cobrir completamente os olhos; a venda do centro de detenção anterior, porém, tinha muitas camadas e cobria quase metade do rosto, deixando livre apenas a boca.

Como era a cela?

Pequena. Havia uma lâmpada que ficava sempre acesa, uma maldita lâmpada tão intensa que às vezes eu achava que era o sol atacando meus olhos com uma lâmina.

O vaso sanitário e o chuveiro ficavam fora da cela, então eu podia sair por um tempo. Havia escritos nas paredes na ala 209. Porém, no Campo de Sarollah, recém-construído, nada estava grafado em portas ou paredes. Na ala 209, escrever nas paredes era proibido, mesmo assim sempre víamos recados dos prisioneiros anteriores.

Eram esses recados que nos davam informações dos antigos ocupantes, pessoas que não eram familiares ou conhecidas, mas que poderíamos acabar conhecendo. Eram uma forma de comunicação, um caminho entre o prisioneiro de hoje e o de ontem, e isso era reconfortante.

Quais eram os recursos dentro da cela?

Havia um vaso sanitário pequeno e só. Caneta e papel eram proibidos. Encontrei uma caneta entre os cobertores que me deram quando entrei na cela. A prisioneira anterior deve ter escondido ali para que não caísse nas mãos dos guardas e a próxima pudesse usar.

Quais eram as condições ao ar livre?

Na 209, éramos levadas para tomar ar fresco por vinte minutos três vezes por semana. Tínhamos que usar *hijab*, lenço, casaco, calça e xador. No Sarollah, as paredes do pátio eram particularmente altas. Flores amarelas tinham crescido em frestas estreitas entre os mosaicos. Minha amiga me falara sobre essas flores amarelas, as únicas coisas que a lembraram da vida durante o período em que esteve presa. Foi por causa dessas flores que descobri que me encontrava no mesmo lugar em que minha amiga estivera. Não me sentia mais sozinha; Parisa estava ali comigo.

Como eram as condições de higiene e de banho?
Eu tomava banho três vezes por semana. E uma vez por semana me davam um aspirador para limpar a cela.

Como a cela e a solidão a afetaram?
Ficar sozinha em um ambiente fechado é horrível para qualquer um, e eu não sou exceção. Você se vê alienada de todos os aspectos da vida humana. É questionada sobre tudo durante os interrogatórios. Somente o interrogador se dirige a você, e, quando é levada de volta para a cela, fica sozinha. A solidão na cela é diferente da solidão do lado de fora. Não há mais ninguém ali além de você. Você quer falar, mas não pode. Em alguns momentos é como se as paredes se fechassem ao seu redor e pudessem esmagá-la. Era um sentimento muito forte que me deixava sem ar.

Lembro que um dia, no Campo de Sarollah, a guarda veio até minha cela e me disse para vestir um xador porque alguém queria me ver. Um homem mascarado apareceu inesperadamente na porta e pediu que me sentasse. Ele sentou na minha frente. O que ele disse não importa, porque não o escutei. Mas foi excruciante e agonizante perceber que a solidão da cela havia desaparecido só com a presença "desse homem".

Como você ocupava o tempo na cela?
Não havia nada ali para me entreter. Só se podia então lutar contra a própria mente. Às vezes me imaginava na companhia de amigos e conversava com eles. Tentava falar sobre assuntos que não fossem a prisão para não me sentir desconectada do mundo exterior.

Nos dias de interrogatório, ao menos havia algo para fazer. Nos outros, o tempo era completamente esquecido, não passava. Tentava dormir para o dia terminar logo e a noite chegar, embora ali não fosse possível ter uma noção clara do dia ou da noite. Não sabia quando o dia terminava. Não existe nada no confinamento solitário para marcar o tempo.

Antes de ser presa, às vezes ficava sentada por horas pensando, no ponto de ônibus por exemplo... Ficava horas deitada tendo pensamentos sem propósito... No confinamento solitário, no entanto, não há nada para estimular a mente. Às vezes você até tenta resgatar memórias, tenta revisitá-las, mas em determinado momento você cansa dessa luta. E esses são momentos muito tristes. Às vezes não é possível recordar nem mesmo os eventos importantes da própria vida. É como procurar algo em um lugar cheio e desorganizado e não conseguir encontrar nada.

No confinamento solitário, qualquer contato com amigos, família ou o ambiente é eliminado. Como lidou com isso?
Eu me exercitava muito. Fazia exercícios que já conhecia, dançava, gesticulava e me movimentava, e ria muito de um jogo que comecei comigo mesma. Eu queria conversar com alguém — alguém que não fosse o interrogador, claro. Somente uma guarda pode abrir a porta da cela. A prisioneira vai ao banheiro, toma banho e retorna. Nesse acontecimento simples, talvez duas frases sejam trocadas entre as duas, mas uma relação humana se estabeleceu entre mim e a guarda.

Quando uma das guardas entra na ala ou troca de turno com alguma colega, as roupas que veste são uma lembrança de que a vida continua fora daquelas paredes. Muitas das agentes penitenciárias não são motivadas ideologicamente. São assalariadas que cumprem suas obrigações de monitorar as prisioneiras. A guarda mais jovem, talvez menos experiente, tinha uma atitude mais crítica, mas havia as mais velhas, mais experientes e pacientes. Basicamente, estas não nos tratavam com o preconceito ideológico dominante. Em encontros com algumas das agentes, eu pensava: "Você também está presa?". Quando trocavam de turno, a mudança das oficiais e dos rostos na ala fazia com que eu me sentisse viva. Claro, doía saber que a prisão tinha diminuído minhas alegrias e visões a esse ponto, mas de qualquer maneira tais encontros e sentimentos importavam. Ficar de frente para o interrogador, porém, era diferente; eles sempre tentavam me reprimir, e nada além de ódio e raiva tomava conta de mim.

Você acha que o comportamento das guardas da prisão tinha relação com as ordens dos interrogadores?

Sempre que ouvia passos fora da cela, eu levantava para ver pela portinhola a pessoa passando. Um dia, uma carceireira estava de pé na frente da porta. Abriu-a de repente e disse que, se eu fizesse aquilo de novo, trancaria a portinhola. Quando trouxeram mais uma pessoa para a cela, a mesma oficial, que não permitira que eu olhasse pela portinhola, parou e conversou um pouco. Perguntei a ela por que, quando eu estava sozinha na cela, nunca tinha falado comigo, mas o fazia agora que o interrogador havia mandado outra prisioneira para lá. Ela negou ter agido assim, mas era verdade.

A maneira como um ser humano é mantido em uma cela pequena e aquela como as guardas tratam a prisioneira indicam que tais coisas são cuidadosamente calculadas. Por exemplo, quando uma prisioneira é tirada do confinamento solitário, os guardas a tratam melhor e até trocam algumas palavras com ela.

Como era a atmosfera nas celas de interrogatório e quais eram as regras do jogo, por assim dizer?

No Campo de Sarollah éramos vendadas quando levadas da cela para a sala de interrogatório, mesmo que a distância fosse curta.

A guarda me conduzia para a sala de interrogatório. Às vezes ficava lá, às vezes saía quando o interrogador chegava. Eu permanecia vendada durante o interrogatório. Era permitido levantar um pouco a venda quando pediam que eu escrevesse algo, para que pudesse enxergar o papel. Os interrogatórios aconteciam em alas diferentes, e pela manhã, ao meio-dia ou à noite. O primeiro dia de interrogatório começou às oito da noite mais ou menos e continuou por seis horas. No Campo de Sarollah, o interrogador escrevia as perguntas e não conversava. Era só por escrito. Durante essas sessões, o interrogador me culpava de tudo.

Na ala 209, porém, eu tirava a venda e podia ver o rosto do interrogador. Ele discutia vários eventos, incluindo questões sociais. Não existia esse clima no Campo Sarollah. Ao contrário, lá o interrogador se envolvia muito na minha vida pessoal, se eu era solteira ou casada, se estava com alguém ou não, quem tinha ido à minha casa e por quê, e perguntava muitas coisas sobre minhas viagens ou sobre, por exemplo, meu celular. Ele ao mesmo tempo verificava meu telefone. Já na 209 não levavam meu celular para as sessões. Conferiam-no antes e então me questionavam durante o interrogatório.

Eles disseram quanto tempo você cumpriria quando fosse condenada?

Os interrogadores disseram desde o começo que eu seria condenada a algo entre dez e quinze anos.

Pressionaram você através da sua família?

Meus familiares tentavam impedir minha mãe de saber que eu tinha sido presa. O interrogador ameaçava buscar minha mãe para me ver vestida com o uniforme da prisão ou ligar para contar que eu estava presa. Às vezes, ameaçavam prender minha irmã. Não permitiram que eu ligasse para ela até eu dizer que não gostaria de entrar em contato com ninguém além dela, e, se não permitissem isso, eu não ligaria para a minha família de jeito nenhum.

Você precisou de cuidados médicos e os recebeu?
Eu me sentia melhor em Sarollah, mas minha pressão caía com frequência. Estava constantemente baixa. Eles me vendaram duas vezes e mediram minha pressão. Fizeram um exame muito superficial. Não fazia muito tempo que eu tinha sido detida na ala 209, e minha transferência fora estressante. Os interrogatórios eram longos, e o confinamento solitário me feriu mental e fisicamente.

Eu tinha epilepsia, e é claro que estava preocupada com minha doença. Eu havia dito e escrito sobre ela muitas vezes para o interrogador, mas ele não prestou atenção. Um dia, quando estava em confinamento solitário, levantei e perdi a consciência. Tive uma convulsão e caí. Ainda estava sozinha na cela quando retomei a consciência. Meu corpo tremia tanto que eu segurava as pernas com as mãos. Fiquei nessa posição até melhorar um pouco e conseguir levantar. Chamei o oficial da prisão, e ele veio. Expliquei o que havia acontecido, e ele me falou que as autoridades haviam avisado que me levariam ao médico.

Esperei bastante tempo até ser socorrida. Meu batimento cardíaco estava acelerado, e a pressão, muito baixa. Ele me deu um comprimido de propranolol e me mandou de volta para a cela. Já sofria de epilepsia muitos anos antes da minha prisão, mas os intervalos entre as convulsões eram grandes. A última vez que tinha acontecido fora três anos antes. Eu não tinha palpitações quando estava em liberdade. Não tinha nenhum problema digestivo antes de ser presa e nunca havia tomado nada para isso, mas na prisão desenvolvi uma úlcera no estômago. Quando fui levada para o hospital, o médico disse que as condições da prisão a causaram.

Você tinha permissão para encontrar sua família e fazer ligações telefônicas?
Nas primeiras semanas, não tinha permissão para encontrá-la. Durante as duas últimas semanas de interrogatório,

tive dois encontros com minha família. Também era possível telefonar uma vez por semana. Na verdade, eu só podia fazer uma ligação depois de um interrogatório. No início, o interrogador ficava bem perto de mim, o que me deixava muito estressada durante os telefonemas, mas após certo ponto resolvi ignorá-lo. Depois disso, passei a me sentir bem com as ligações telefônicas. Era melhor ouvir uma voz que me perguntava como eu me sentia e demonstrava compaixão do que escutar apenas repri- mendas e responsabilizações.

Quando era retirada do local de interrogatório, sen- tia esperança de não ser a pessoa que os interrogadores diziam que eu era e a qual queriam que eu fosse. A at- mosfera no confinamento solitário mantém a pessoa afastada de tudo. O interrogador quer que ela se sinta culpada. E ela se culpa até pelos pensamentos. Querem transformá-la em alguém que não é. Na verdade, o inter- rogador quer colocar a pessoa em uma situação em que pense que está vivendo uma mentira pública. Superar o que está sendo imposto é uma luta constante, e somente isso pode salvar a pessoa.

Quais foram seus momentos e suas experiências mais dolorosos na cela?

Foram dois. Quando eu estava na solitária, um oficial me disse: "Vou mudar você de cela". Levantei e fui conduzida a uma cela com outras duas pessoas. Foi muito estranho. Eu podia falar. Podia comer. Sem conhecê-las, sem ter nenhuma conexão com elas, me senti bem por estar com pessoas em uma situação semelhante. Disse a mim mes- ma que pelo menos minha solidão havia acabado.

No dia seguinte, fui levada de volta para a solitária. Fi- quei lá até que um dia vieram e me levaram para outra cela com outras duas pessoas. Dessa vez, quando estava acom- panhada, fiquei ansiosa para que aquilo não acontecesse novamente. Dois dias depois, voltei para a solitária. Eu me senti péssima. Soquei a parede. Naquele momento, me vi como uma louca e senti um medo que não era o medo do interrogador ou da prisão — eu temia a mim mesma. Soquei a parede com força. Queria sentir a dor física. Seu alicerce é o princípio da vida social, e o confinamento solitário tira tudo isso de você. No confinamento solitário, você não pode falar nem ouvir nenhum som. Mesmo que ouça passos se aproximando, deve ignorá-los. Você deve respeitar as restrições que o interrogador estabeleceu para você e aceitar que está na solitária.

Você não vê nem ouve ninguém, nada, exceto a imagem e o som do interrogador, que se torna automaticamente importante para você. É ele que pode levá-la ao abismo da destruição, mas ao mesmo tempo insinua que é o único que pode salvá-la, uma entidade que está lá para acusá-la e puni-la. Essa entidade é a única pessoa que fala com você e a única com quem você fala.

Como você resistiu e quais fatores a ajudaram a aumentar a sua resistência?

Pensar na vida e querer viver foram as maiores e mais importantes fontes de apoio para mim. Quando estava frustrada com tudo, pensava que poderia criar uma esperança real para o momento e conectar meu passado ao futuro. Esse desejo também me ajudou a não me intimidar com o interrogador e com minha situação. Acreditar que minha vida continuaria me ajudou a resistir, e não apenas quando estava sendo interrogada. As lembranças que eu ouvira de ex-prisioneiros ganharam vida na minha cela. Pensei em como eles também viveram e resistiram. Minha cabeça estava preenchida da resistência, da resiliência e da resolução inabaláveis deles. A verdade é que, obviamente, as condições e as características do confinamento solitário são tão difíceis que estão constantemente em desacordo com algo chamado "força de vontade". Às vezes, você esquece completamente o significado dessa ideia porque a ouviu apenas como um conceito geral e predeterminado.

Quando o interrogador lhe diz para arranjar alguém para morar com você depois que sair da prisão, quando fala sobre as tarefas diárias durante o interrogatório apenas para lembrar o prisioneiro de sua vida fora da prisão, ele está ostentando seu poder de privá-lo dessas coisas. O interrogador faz o possível para esmagar você de todas as formas. Nesses momentos, somente lhe oferecerá apoio contínuo o advento de um poder interior, um poder exclusivo dessas condições. Até esse momento, você não tem consciência da existência e do surgimento de tal poder. Trata-se de algo que ajuda a enfrentar o *status quo*. Na realidade, nessas circunstâncias você se esforça para sobreviver, e talvez nada além da sobrevivência possa impulsioná-la.

O interrogador tenta afastar a pessoa de todos os valores humanos. Adicionalmente às paredes que limitam seu corpo, ele tenta restringir sua psique, de modo que a resistência ocorra também na mente. O interrogador tenta dominar sua mente sem que você perceba. Até mesmo uma percepção de como esse sistema funciona, uma percepção que pode ajudar na resistência, é obtida muito lentamente. Antes de ser detida, você tem uma narrativa de si mesma e de sua existência, elaborada a partir de sua experiência e da presença na sociedade. Agora, você não apenas é repentinamente repreendida e considerada culpada pelo interrogador por aspectos de sua identidade individual e comunitária, mas também recebe uma falsa narrativa de si mesma pela qual deve ser punida. A atmosfera repressiva que de várias formas você pode ter experimentado na vida em família e na sociedade está agora na sua frente, desmascarada e nua.

Na mente da pessoa interrogada, nada é tão forte quanto o medo. Tudo, desde o uso das vendas até a parede à frente, a meio metro de distância, passando pela presença de corpos pesados sentados atrás de você, cercando-a de perguntas como uma máquina e empurrando-a para um local apertado, é aterrorizante. Tudo é organizado de modo a insinuar que você é a malfeitora, para que seja engolida pelo medo, mas nesses momentos há uma vontade incrivelmente vívida no ser humano de poder crescer e progredir.

Às vezes, meu cérebro, ou minha vontade consciente, parava de resistir, mas algo no fundo do meu corpo ou da minha alma, orgulhoso do meu ego ferido, me forçava a continuar resistindo.

A sensação de medo é o pano de fundo de todos os dias passados na cela. Medo, repreensão, punição, isolamento, intimidação, privação e coerção são coisas fortemente impostas na detenção, mas, sendo mulher, e antes de ser presa, eu já havia experimentado isso como a lógica por trás de todas as políticas ou já tinha ouvido as experiências de outras mulheres. Essa situação foi imposta a mim como mulher por meu pai, meu irmão e o sistema patriarcal que me governava. O sistema tem uma lógica que se vê como o mestre, ou pelo menos como aquele que tem o direito de eliminar seu poder de escolha e decidir seu destino.

Na prisão, o interrogador não é apenas um interrogador, mas um representante da ordem patriarcal que silencia sua voz se você se recusar a fazer o que ele quer. Nesse sistema, você pode ter uma presença legítima, ser vista ou respeitada, mas somente se for domesticada, obediente e comprometida com a manutenção e o cumprimento da ordem existente. Tomo emprestadas as palavras de Reza Baraheni[2] aqui: "É possível confiar em alguém que tem dois tipos de linguagem, dois tipos de voz, que bate em você com uma linguagem e, com a outra, gentil e calma, a priva da sua liberdade e da sua força de vontade? É possível considerar uma pessoa desprezível e outra grandiosa?

---

2 Reza Baraheni foi um escritor e ativista político iraniano, que viveu exilado no Canadá e morreu em 2022.

É possível que você se considere proibida e a outra permitida e, por consequência, vitoriosa? Ou é possível ver a obediência como a única maneira de sobreviver?". Essas frases são muito inspiradoras para mim.

Um sistema assim quer deixar claro que alguns podem e têm permissão para comandar e reprimir os outros porque têm mais poder, enquanto existem os que são impotentes e inferiores. O denominador comum entre o contexto do interrogatório e a sociedade patriarcal pode ser visto aqui. Por meio de inquisição, violência e punição, o interrogador desempenha o mesmo papel que o pai, o irmão, o marido e o Estado, os quais impõem um processo de alteridade ao lidar com as mulheres.

Sem nenhuma intenção de comparar homens e mulheres e com base apenas nas histórias que ouvi de prisioneiras em nossas conversas tão esclarecedoras, acho que o que as mulheres suportam nas experiências cotidianas permite que vejam a opressão imposta a elas durante o interrogatório como menos estranha. A mudança de gênero na abordagem do interrogador que as mulheres experimentam é tão forte quanto a resistência delas. "Não sei por que é tão difícil interrogar moças", disse-me certa vez um interrogador. "Por que elas brigam constantemente com seus interrogadores?"

Isso pode ter sido dito com certo desejo masculino ou como uma piada superficial e infeliz, mas para mim foi algo maldoso. Uma mulher sentada em uma cadeira de interrogatório pode, consciente ou inconscientemente, dizer a verdade a si mesma por ser uma situação que já vivenciou antes ou, pelo menos, com a qual está familiarizada. "Sou contra o sistema que nomeia você como meu inquisidor e guarda e me define como sua subordinada. Sou contra a desigualdade."

A experiência vivida por uma mulher a ajuda. A "força de vontade" de que falei tem significados diferentes para as pessoas interrogadas em relação à opressão que sofreram. A característica de cuidado que historicamente foi confiada às mulheres é um bom guia para construir "força de vontade" de um jeito feminino. Sob as condições de interrogatório, essa característica familiar da moral das mulheres pode permitir o surgimento de seu senso interno de responsabilidade. Assim, ela cuidará de si mesma e daqueles que estão emocional e politicamente próximos a ela. Em uma situação desigual, em que uma pessoa domina, você tem de seguir ou ser dominada. Na situação altamente desigual e injusta criada pelo agressor, uma mulher que tenha sido ferida por uma situação mais geral de desigualdade pode desenvolver uma resistência enraizada em sua experiência diária.

Ela então pode cuidar daqueles que considera sua família, não para lhes provar que é "forte", mas para demostrar sua preocupação com eles, agora que é forçada a sentar na cadeira de interrogatório. Eu gostaria de dizer que a estrutura comum da narrativa de interrogatório possui uma "força de vontade", o que vejo como "falha" da experiência masculina. Por um lado, a estrutura ideal desses relatos requer um herói que não reclama em nenhuma circunstância; por outro, essa narrativa deixa de lado qualquer tipo de história real e humana do sofrimento e da dúvida pela pessoa interrogada ao difamar o outro (o soberano). Porque o grande valentão não deve saber que por um momento podemos "falhar em ser fortes"! A visão feminina sobre estar na prisão e sob interrogatório pode não contemplar o estabelecimento de um herói, um Rostam.[3] Em vez de negar e glamorizar o sofrimento causado pela situação desigual e cruel de um interrogatório, o desejo de viver livremente alivia seu sofrimento e lhe dá forças para continuar. No que diz respeito a todos os homens e as mulheres, acho que o modelo de interrogatório e até mesmo a narrativa sobre a experiência de ser interrogado e preso

---

3 Rostam é um herói lendário da mitologia persa conhecido no folclore por ser invencível.

dos homens ativistas diferem dos das mulheres ativistas, e o gênero pode fornecer uma boa razão para essa diferença.

Na cultura masculina e, consequentemente, em sua política hierárquica, o homem busca a superioridade. Quando é empurrado para baixo na hierarquia, ele demonstra mais fragilidade porque sua autoridade é subitamente minada e enfraquecida, deixando-o em uma situação vulnerável. A mulher, entretanto, já está nessa posição inferior e declara sua existência por meio de sua rebelião e sua desobediência. Da mesma forma, a mera presença de uma mulher na sala de interrogatório já significa vitória. Ancorada em sua experiência enquanto mulher, ela nunca poderá confiar em alguém que tenha duas línguas e duas vozes.

APÊNDICES

Carta de Narges Mohammadi ao Comitê norueguês do Nobel

Prezada diretora e membros do Comitê Nobel,

Agradeço ao Comitê norueguês do Nobel por seu reconhecimento claro e significativo do poder e do impacto das manifestações populares nas revoltas revolucionárias e sociais recentes no Irã.

Em uma tentativa de difamar o prêmio, as mídias da República Islâmica transmitiram o anúncio oficial na ala feminina da prisão de Evin. Assim que Berit Reiss-Andersen, presidente do comitê, começou com as palavras *"Zan, Zendegi, Azadi"* (Mulher, Vida, Liberdade),[*] ouvi as exclamações exultantes das minhas colegas de cela ecoando esse poderoso lema. Suas vozes se juntaram, reverberando o "poder de protesto" de iranianas ao redor do mundo.

---

[*] "Mulher, Vida, Liberdade" (em curdo, *Jin, Jiyan, Azadî*) é um slogan político curdo amplamente reconhecido e associado ao movimento de independência do país no final do século XX. Originando-se no ativismo de base do movimento das mulheres como resposta à opressão dos governos de Irã, Iraque, Turquia e Síria, esse slogan ganhou popularidade por meio do trabalho de intelectuais como Abdullah Öcalan, que o incorporaram em seus escritos anticapitalistas e antipatriarcais. Em setembro de 2022, sob os clamores de *"Jin, Jiyan, Azadî"*, uma multidão se reuniu em Saqez, no Curdistão iraniano, para o funeral da jovem curda Mahsa Amini, morta no Irã. Durante os protestos que eclodiram em setembro de 2022 após a morte de Amini, o slogan foi adotado por manifestantes e ativistas, sendo proferido tanto na sua forma original em curdo quanto em persa (*Zan, Zendegi, Azadi*). Em 26 de setembro de 2022, o jornal francês *Libération* estampou o slogan em persa e francês (*Femme, Vie, Liberté*) em sua primeira página, acompanhado por uma imagem de mulheres iranianas protestando sem véu. Desde então, as manifestações se espalharam por outras regiões do país e do mundo, com o lema curdo sendo ecoado também em persa. [N.E.]

As ondas potentes desse grito, ouvido em dois locais diferentes e distantes entre si em um mesmo momento histórico importante, exprimem o poder vasto e formidável das pessoas e seu papel decisivo no clima político global de hoje. A decisão louvável do comitê de iniciar o anúncio fazendo referência ao movimento revolucionário do Irã é um ponto de inflexão que capacita os movimentos sociais e de protesto em todo o mundo a se tornarem as principais forças para provocar mudanças fundamentais nas sociedades atuais. Homenagear uma defensora dos direitos humanos com esse prêmio dá um significado especial a todas essas organizações.

Nós, no Oriente Médio, especialmente aqueles que vivem no Irã e no Afeganistão, não aprendemos sobre a importância da liberdade, da democracia e dos direitos humanos em teorias presentes nos livros didáticos, mas mediante nossa experiência pessoal de opressão e discriminação. Passamos a entender a importância desses conceitos e nos levantamos contra seus violadores e adversários porque, desde a infância, enfrentamos a opressão, a violência explícita e a sutil, o assédio e a discriminação de governos autoritários em nosso cotidiano.

Quando eu tinha apenas nove anos, ouvi minha mãe chorar, lamentando a execução de seu sobrinho, um jovem estudante. Ouvi minha avó chorar com a tortura de seu filho. Naquela época, eu não tinha ideia do que significava "execução" ou "tortura". Minhas ilusões infantis foram cruelmente destruídas.

Ninguém ouviu as vozes das mães que buscavam justiça nos anos 1980, uma década em que as prisões testemunharam execuções generalizadas, torturas, estupros e agressões. Um dos principais autores dessas atrocidades foi Ebrahim Raisi, o atual presidente da República Islâmica. O despotismo, escondido atrás da máscara da religião, impôs a repressão, a dominação, a pobreza e a miséria generalizadas no Irã.

Aos dezenove anos, fui presa por estar vestida com um casaco laranja. No centro de detenção, com dezenas de outras mulheres que haviam sido presas, fiquei chocada e profundamente horrorizada ao ver chicotes nas mãos de homens furiosos e vestidos de preto que açoitavam com crueldade quatro mulheres sem nenhum processo legal.

Anos depois, em 2022, uma jovem chamada Mahsa (Jina) Amini, que usava um casaco e um lenço na cabeça, foi presa sob o pretexto de usar um *hijab* inadequado e, em poucas horas, perdeu a vida enquanto ainda estava sob custódia. Centenas de manifestantes saíram às ruas e ficaram cegas depois de atingidas por balas de borracha, outras centenas foram mortas, e seis manifestantes foram executadas. Seguiu-se uma enxurrada de prisões de mulheres manifestantes, seguidas de tortura, confinamento em solitária, agressão e assédio sexual. As universidades foram atacadas por forças de segurança brutais. Organizações cívicas e ativistas foram cada vez mais reprimidas, e até mesmo as famílias daquelas que buscavam justiça para seus entes queridos foram jogadas na cadeia.

Declaro que a razão para a imposição do *hijab* obrigatório pela República Islâmica não é a preocupação com regras religiosas, costumes e tradições sociais ou, como afirma, a proteção da reputação das mulheres.

Em vez disso, ela visa abertamente oprimir e dominar as mulheres, como um meio de controlar a sociedade iraniana como um todo. A República Islâmica legalizou e sistematizou essa tirania e a repressão às mulheres. As mulheres do Irã não aceitarão mais isso.

O *hijab* obrigatório é um instrumento de dominação. Serve para prolongar o reinado do "despotismo religioso". Por quarenta e cinco anos, esse governo institucionalizou a pobreza e a privação em nosso país. O regime baseia-se em mentiras, engano e intimidação e, com suas políticas desestabilizadoras e belicistas, ameaçou seriamente a paz e a tranquilidade na região e no mundo.

No Irã de hoje, as mulheres e os jovens constituem a força social mais radical, progressista e significativa, tanto na luta contra a tirania religiosa quanto na busca por mudanças fundamentais para alcançar a paz duradoura no Irã, no Oriente Médio e no mundo.

O mundo sabe que esse novo movimento revolucionário "Mulher, Vida, Liberdade" é uma continuação da resistência política em curso no Irã, a luta para restabelecer a vida normal na sociedade. A força dessa ação está na atuação das mulheres iranianas. Sabemos "o que queremos" com muito mais clareza do que "o que não queremos". Estamos comprometidas com isso, acreditamos nisso e temos certeza de nossa vitória final.

Nós, o povo do Irã, exigimos democracia, liberdade, direitos humanos e igualdade. A República Islâmica é o principal obstáculo para a realização da vontade popular coletiva. Nossa determinação é inabalável. Estamos tentando exercer solidariedade e obter poder em um processo não violento e ininterrupto para nos livrarmos de um governo religioso tirânico e restaurar a glória e a honra do Irã, tornando-o digno de seu povo.

Por fim, falando da ala feminina de Evin, ocupada por prisioneiras políticas e prisioneiras de consciência, incluindo algumas de longa data com uma variedade de pontos de vista políticos e intelectuais, bahaístas presas por suas crenças, ativistas ambientais, intelectuais públicas, as manifestantes fervorosas do movimento Mahsa/Jina, jornalistas e estudantes, envio minhas mais sinceras saudações e minha gratidão ao Comitê norueguês do Nobel, com o coração cheio de amor, esperança e paixão.

Quero também estender minha gratidão aos seguintes grupos e instituições: à mídia global; aos jornalistas que levam nossas vozes ao mundo; às feministas do mundo inteiro que consideram os direitos das mulheres um teste decisivo para a democracia, a paz e a qualidade de vida e pressionam o mundo a mudar sempre para melhor; aos órgãos de direitos humanos que são um santuário para a humanidade; à Anistia Internacional; às comunidades cívicas; às redes e organizações de movimentos sociais; ao "povo", que é a autoridade máxima; aos ilustres pensadores e políticos que consideram os direitos humanos e a paz uma necessidade para a política; aos artistas que mostram ao mundo uma imagem real do que está acontecendo no Irã, no Afeganistão e no Oriente Médio; a escritores e escritoras; à PEN International; aos laureados e às laureadas com o Nobel da Paz, incluindo a sra. Shirin Ebadi; a todos os meus colegas das ONGs iranianas; a minhas companheiras de cela durante os longos anos de prisão; às mulheres anônimas e desconhecidas que saíram às ruas para protestar e, dessa forma, tornaram-se a personificação da resistência; às mães que buscam justiça; à minha família, Kiana e Ali; e, finalmente, a todos aqueles que me parabenizaram por este prêmio. Agradeço a todos vocês. Peço que apoiem o povo do Irã até nossa vitória final.

Nossa vitória não será fácil, mas é certa.

Narges Mohammadi
[prisão de Evin, outubro de 2023]

Uma nota sobre Narges Mohammadi

Nayereh Tohidi
[abril de 2021]

Narges Mohammadi é uma das mais dedicadas expoentes do movimento por direitos civis e humanos no Irã; uma das principais ativistas contra a pena de morte; proeminente defensora dos direitos das mulheres; vice-presidente do Conselho Nacional para a Paz; e vice-presidente e porta-voz do Centro de Defensores dos Direitos Humanos.

É uma das prisioneiras de consciência mais corajosas e eloquentes da República Islâmica do Irã. Sua resistência persistente e não violenta contra o que chama de "tirania" e seu desafio às leis e políticas opressivas ao longo de vinte e oito anos, dentro e fora da prisão, conquistaram respeito nacional e internacionalmente. Depois de várias prisões e muitos anos de encarceramento seguidos a cada uma delas, sua última detenção resultou em uma sentença de dezesseis anos sob custódia, dez dos quais precisou cumprir.

Narges sofre de doenças neurológicas e pulmonares, o que a coloca em alto risco de complicações no caso de ser acometida por alguma doença infecciosa, como a covid-19. Em julho de 2020, um grupo de especialistas em direitos humanos das Nações Unidas pediu sua libertação, citando relatos de que ela estava apresentando sintomas da doença. "Para aqueles com problemas de saúde subjacentes, como a sra. Mohammadi, isso pode ter consequências trágicas", escreveram eles. "As autoridades iranianas devem agir agora, antes que seja tarde demais."[1] Graças ao clamor, as autoridades comutaram a sentença devido a preocupações contínuas com sua saúde, exacerbadas pela disseminação da infecção por covid-19 nas prisões superlotadas do Irã. Foi solta em 7 de outubro de 2020, depois de oito anos e meio encarcerada.

Além dos especialistas em direitos humanos da ONU, várias organizações de direitos humanos, iranianas e internacionais, condenaram o encarceramento infundado e ilegítimo de Narges Mohammadi e pediram sua libertação imediata, incluindo a Anistia Internacional, a Human Rights Watch, o Observatório para a Proteção dos Defensores de Direitos Humanos, a Iniciativa de Mulheres Nobel, a Repórteres Sem Fronteiras, a PEN International e o Centro de Defensores dos Direitos Humanos. A seguir, apresentamos um resumo da vida de Narges.

Narges nasceu em 21 de abril de 1972 na cidade de Zanjan, em uma família de classe média. Cursou Física na Universidade Internacional Imam Khomeini, em Qazvin. Durante seu período na faculdade, Narges se envolveu no ativismo estudantil pela causa dos direitos humanos e da justiça social. Participou da formação de uma organização estudantil chamada Tashakkol Daaneshjuyi Roshangaraan (Associação de Estudantes Esclarecidos) e escreveu artigos em apoio aos direitos discentes e às questões feministas no jornal da organização. Foi presa duas vezes durante os anos como universitária, um prelúdio para os longos períodos de encarceramento que ainda viriam.

Depois de formada, Narges trabalhou como engenheira na Companhia de Inspeção de Engenharia Iraniana. Além disso, continuou a escrever em algumas publicações e jornais reformistas, destacando preocupações relacionadas à igualdade de gênero e à democracia no Irã. Também lançou um livro de ensaios políticos intitulado *As reformas, a estratégia e*

---

1 Maryam Berger, "Leading Iranian human rights advocate freed from prison amid fear of contracting coronavirus behind bars", *The Washington Post*, 8 out. 2020.

as táticas. Desde o início da década de 1990, Narges tem sido uma defensora persistente e ativa dos direitos humanos, do estado de direito e da democracia no Irã, bem como uma liderança feminista e uma voz potente contra todas as formas de discriminação baseadas em gênero, sexualidade, etnia, religião e diferenças de classe.

Cronologia da prisão, separação de sua família e resistência

Em 1998, Narges Mohammadi foi detida por suas críticas ao governo do Irã e passou um ano na prisão. Em 1999, ela se casou com Taghi Rahmani, jornalista pró-reforma, também um ativista comprometido com a linha dos Novos Pensadores Religiosos.[*] Logo após o casamento, no entanto, Taghi foi preso várias vezes e acabou encarcerado por um total de catorze anos. Em 2007, Narges e Taghi se tornaram pais de gêmeos, Ali e Kiana. Em 2012, durante o breve período em que ficou fora da prisão, Taghi descobriu que quatro novos inquéritos haviam sido abertos contra ele e, portanto, enfrentava outra prisão iminente com uma sentença de longo prazo. Ele optou por fugir do Irã e se refugiar na França, uma decisão muito difícil. Narges, porém, permaneceu no Irã para cuidar dos filhos e continuar o trabalho dedicado aos direitos humanos, uma resolução igualmente penosa para ela:

> De 2009 a 2012, eu estava sob pressão dos agentes de segurança para deixar o Irã. Eles ligavam diretamente para o meu celular e até me diziam que podiam me instruir como escapar do Irã caminhando pelas montanhas do Curdistão, no oeste do país. Eu percebia que era uma armadilha para se

---

[*] Os Novos Pensadores Religiosos são um grupo de intelectuais que desenvolveram maneiras de interpretar o Islã que dialogam com os desafios do mundo moderno e permitem leituras dos escritos islâmicos que vão ao encontro de igualdade de gênero, diversidade religiosa e não discriminação. [N.T.]

livrarem da minha presença no Irã. Naturalmente, recusei, argumentando que meus dois filhos eram muito pequenos para caminhar por aquele terreno acidentado. Depois que Taghi teve de fugir para a Europa, eles me ligaram dizendo "agora que você não tem mais desculpa para ficar no Irã, por que não foge e se junta ao seu marido?". Mas, nos últimos anos, eles não me pediram mais para sair do Irã.[2]

Parece óbvio que os agentes de segurança envolvidos em seu caso consideravam Narges um desafio sério e preferiam se livrar dela por meio de um exílio forçado ou até mesmo de um assassinato durante uma forjada cena de fuga. Mas Narges insistiu em ficar, apesar de toda a intimidação. Alguns anos mais tarde, depois que foi outra vez presa e passou a ser encarcerada regularmente, ela e Taghi decidiram que seria melhor para os gêmeos deixar o Irã para viver com o pai no exílio.

Manter uma carreira de engenheira e, ao mesmo tempo, escrever e se manifestar contra as violações dos direitos humanos se mostrou insustentável sob o sistema repressivo da República Islâmica. Em 2009, Narges foi demitida de seu cargo corporativo. Em abril de 2010, foi intimada a comparecer ao Tribunal Revolucionário Islâmico por participar do Centro de Defensores dos Direitos Humanos. Após ser brevemente liberada sob fiança (equivalente a cerca de 250 mil reais), voltou a ser detida e encaminhada para a prisão de Evin dias depois. Enquanto estava sob custódia, sua saúde piorou, e ela desenvolveu uma doença semelhante à epilepsia, que a fazia perder periodicamente o controle muscular. Depois de um mês, foi liberada e teve permissão para ir ao hospital.

Em julho de 2011, foi mais uma vez acusada e considerada culpada de "agir contra a segurança nacional, participar do CDDH e fazer propaganda contra o regime (*nezam*)". Em setembro de 2011, foi condenada a onze anos de prisão; e, como ela mesma declarou, somente soube do veredicto

---

2 De uma conversa da autora com Narges Mohammadi em 26 de abril de 2021.

por intermédio de seus advogados e recebeu "uma sentença de vinte e três páginas sem precedentes emitida pelo tribunal, na qual compararam repetidamente minhas atividades de direitos humanos a tentativas de derrubar o regime". Em março de 2012, a sentença foi confirmada por um tribunal de apelação, embora tenha sido reduzida para seis anos. Em 26 de abril de 2012, Narges foi presa para iniciar o cumprimento sua sentença.[3]

Muitas pessoas e organizações protestaram contra a decisão judicial, inclusive o Ministério das Relações Exteriores da Grã-Bretanha, que a chamou de "outro exemplo triste das tentativas das autoridades iranianas de silenciar defensores corajosos dos direitos humanos". A Anistia Internacional a classificou como prisioneira de consciência e pediu sua libertação imediata. A organização Repórteres Sem Fronteiras emitiu um apelo em nome de Mohammadi no nono aniversário da morte da fotógrafa Zahra Kazemi em Evin, afirmando que era uma prisioneira cuja vida, assim como a de Kazemi, estava "especialmente em perigo". Em julho de 2012, um grupo internacional de legisladores pediu sua libertação, incluindo o senador estadunidense Mark Kirk, o ex-procurador-geral do Canadá Irwin Cotler, bem como alguns parlamentares: o britânico Denis MacShane, o australiano Michael Danby, a italiana Fiamma Nirenstein e o lituano Emanuelis Zingeris.

Graças a essa campanha ampla, foi solta em 31 de julho de 2012.

Essas prisões repetidas não impediram Narges de se manifestar contra a injustiça. Em 31 de outubro de 2014, fez um discurso comovente no túmulo de Sattar Beheshti, blogueiro espancado até a morte enquanto estava sob custódia: "Como é possível que os membros do Parlamento estejam sugerindo um Plano para a Promoção da Virtude e a Prevenção do Vício se, há dois anos, ninguém se manifestou quando um

---

3 Saeed Kamali Dehghan, "Iranian Human Rights Activist Narges Mohammadi arrested", *The Guardian*, 26 abr. 2012.

ser humano inocente chamado Sattar Beheshti morreu em decorrência de tortura pelas mãos de seu interrogador?".

Apesar do ato de extrema violência contra Beheshti, que foi alvo de uma comoção internacional em 2012, seu caso continua sem solução. As prisões injustas e a tortura de ativistas de direitos humanos continuam ocorrendo até hoje na prisão de Evin.

O vídeo do discurso feito por Narges Mohammadi em 31 de outubro viralizou nas redes sociais, o que fez com que ela fosse convocada novamente ao tribunal de Evin. "Na intimação que recebi em 5 de novembro de 2014, está escrito que devo me entregar 'por acusações', mas não existe nenhuma explicação adicional sobre tais acusações", declarou Narges.[4]

Em 5 de maio de 2015, foi presa mais uma vez em razão de novas acusações. A seção 15 do Tribunal Revolucionário a condenou a dez anos de prisão por "fundar um grupo ilegal", ou seja, a Legam (acrônimo em persa para Campanha para a Abolição Gradual da Pena de Morte), cinco anos por "reunião e conluio contra a segurança nacional" e um ano por "propaganda contra o sistema", por suas entrevistas à mídia internacional e seu encontro com Catherine Ashton, a então Alta Representante da União Europeia para Assuntos Externos e Política de Segurança, que visitava Teerã em março de 2014.

Durante o período na prisão, Narges não pôde se comunicar regularmente com Kiana e Ali, seus filhos, exilados em Paris.

Para protestar contra a recusa ao acesso a cuidados médicos, em janeiro de 2019 Narges Mohammadi iniciou uma greve de fome com a cidadã britânico-iraniana Nazanin Zaghari-Ratcliffe (p. 84) em Evin.

Em dezembro de 2019, Narges e outras sete ativistas realizaram uma manifestação para expressar solidariedade

---

4 "Iran: Judicial Harassment of Human Rights Activist Narges Mohammadi", Gulf Centre for Human Rights, 14 nov. 2014.

às famílias enlutadas dos mortos nos protestos de novembro do mesmo ano. Antes disso, ela havia emitido uma declaração pública condenando as autoridades por tantas mortes, pela nova onda de prisões e pelo tratamento degradante concedido a novos prisioneiros após a brutal repressão de novembro, durante a qual a internet também foi bloqueada pelas autoridades estaduais. Mais tarde, foi admitido oficialmente que pelo menos trezentas e quatro pessoas haviam sido mortas em três dias, centenas haviam sido feridas e sete mil, presas. Entretanto, fontes independentes, como a Reuters, informaram que cerca de mil e quinhentas pessoas foram mortas. O Corpo da Guarda Revolucionária Islâmica foi o principal responsável por essa repressão.[5]

Em 24 de dezembro de 2019, para punir Narges Mohammadi por seu ativismo dentro de Evin em apoio aos manifestantes de novembro, as autoridades a retiraram à força da instalação e a transferiram para uma prisão na cidade provincial de Zanjan. Lá, foi deliberadamente colocada ao lado de prisioneiras não políticas, incluindo traficantes de drogas e contrabandistas, delinquentes e criminosas violentas.

Em janeiro de 2020, a mãe de Narges Mohammadi, Ozra Bazargan, que podia visitá-la em Zanjan, publicou um apelo gravado à mídia internacional e às organizações de direitos humanos pedindo ajuda. Narges divulgou secretamente uma carta aberta na qual evidenciava tanto a crueldade das autoridades da prisão quanto a própria bravura e resistência:

> Após quatro meses e meio sem poder falar com meus filhos ao telefone, ainda estou em choque com a brutalidade e a violência do Judiciário e dos agentes de segurança. Depois de anunciarmos nossa greve [o ato de permanecermos sentadas no fim de dezembro de 2019 na prisão de Evin], testemunhamos a

---

5 Nayereh Tohidi, "Iranian Feminist Narges Mohammadi is in Danger", *Ms. Magazine*, 8 jan. 2020.

presença de um grande número de forças de segurança e agentes de inteligência ao lado das autoridades prisionais. O diretor da prisão garantiu que nossa ação não ficaria sem punição, e os horários de visita e as ligações telefônicas foram cancelados.

Em 24 de dezembro, recebi uma carta dizendo que meu advogado estava na prisão para me encontrar. No final das contas, era mentira, e não havia nenhum advogado. Levaram-me à sala do diretor do presídio, onde ele, na presença de agentes do Ministério da Inteligência, começou a gritar obscenidades para mim. Saí da sala e os ouvi correndo atrás de mim. Ele pegou meus braços e os torceu violentamente para me deter, e então me arrastaram pelo corredor.

Enquanto eu resistia, bateram minha mão na porta, quebrando o painel de vidro, e os estilhaços me cortaram. Com as mãos ensanguentadas e os braços machucados, jogaram-me em uma ambulância e começaram a dirigir. Mas pararam em frente à ala 209. O diretor da prisão disse que não deixaria que eu voltasse à minha ala e me mandaria para a prisão em Zanjan. Comecei a cantar uma música sobre o Irã, e eles me atacaram, espancaram e empurraram para dentro de um carro, para me levar embora dali. Minhas mãos continuavam a sangrar, pois tomo anticoagulante por conta da minha condição médica, e os agentes de inteligência pressionaram as algemas com força em meus ferimentos. O sangue foi pingando em minha roupa até chegarmos a Zanjan. O dia 24 de dezembro [de 2019] foi terrível em razão da brutalidade flagrante das autoridades penitenciárias e das forças de segurança que me tiraram toda a energia vital. O que me mantém de pé nesta prisão, com o corpo machucado e ferido, é meu amor pelo honrado, mas atormentado, povo deste país, além de meus ideais de justiça e liberdade. Para exaltar o sangue de pessoas inocentes derramado atrozmente, prometo falar a verdade, desafiar a tirania e defender os oprimidos até meu último suspiro.

Mesmo após sua libertação, em outubro de 2020, Narges continuou separada da família. Como refugiados, o marido e os filhos não podem voltar ao Irã sem serem presos, e o governo se recusou a emitir um visto de saída para Narges. Além disso, apenas algumas semanas depois de ser libertada, Narges perdeu a mãe para a covid-19 e em seguida precisou cuidar do pai doente.* Mas não recebeu sequer um alívio da vigilância, das ameaças e do assédio dos agentes de segurança.

Nenhuma dessas dificuldades impediu Narges de continuar seu ativismo, e ela tampouco se mostrou menos resiliente do que antes. Em 27 de fevereiro de 2021, divulgou um vídeo nas redes sociais informando que havia sido intimada a comparecer ao tribunal duas vezes em dezembro de 2020 para responder a um caso aberto enquanto ainda estava na prisão. Anunciou que se recusou a comparecer ao tribunal e não cumpriria nenhuma sentença proferida. No vídeo, descreveu o abuso sexual e os maus-tratos aos quais ela e outras mulheres haviam sido submetidas nas prisões, revelando que as autoridades ainda não tinham sequer respondido à reclamação feita em 24 de dezembro de 2020.

Com essa atitude desafiadora, Narges esclareceu ao público sua posição como autora da ação, não como acusada. Revelou que o novo caso está relacionado à manifestação realizada por ela e outras prisioneiras políticas para protestar contra o assassinato e as prisões de manifestantes pelas forças de segurança em novembro de 2019, enfatizando que "nosso protesto em Evin não envolveu nenhuma violência ou conduta errada ou ilegal".

Em março de 2021, Narges escreveu um prefácio para o Relatório Anual de Direitos Humanos do Irã sobre a pena de morte no país. Ela afirmou que:

> As execuções de pessoas como Navid Afkari e Ruhollah Zam no ano passado foram as mais ambíguas no Irã. A emissão da pena de morte para Ahmadreza Djalali é uma

---

* O pai de Narges, Karim Mohammadi, faleceu aos noventa anos, em 27 de fevereiro de 2024. Ela foi impedida de comparecer ao funeral. [N.E.]

das condenações mais errôneas, e as razões para a emissão dessas sentenças de morte precisam ser examinadas cuidadosamente. Essas pessoas foram condenadas à morte depois de terem sido mantidas em confinamento solitário e submetidas a horríveis torturas psicológicas e mentais. É por isso que não considero o processo judicial justo nem equitativo; vejo a manutenção dos réus em confinamento solitário como um meio de forçá-los a fazer confissões falsas e inverídicas, as quais são usadas como prova fundamental para a emissão de sentenças tão severas. É por isso que estou particularmente preocupada com as recentes prisões no Sistão, no Baluchistão e no Curdistão, e espero que as organizações contra a pena de morte dediquem atenção especial aos detidos, pois temo que enfrentemos outra onda de execuções no próximo ano.

Em março de 2021, Narges iniciou uma nova campanha de apoio aos presos políticos, concentrando-se nos terríveis impactos do confinamento solitário ou "tortura branca" sobre o bem-estar físico e mental dos prisioneiros.[6] Conforme relatado no site do Centro de Defensores dos Direitos Humanos em 21 de abril de 2021, até aquele dia dezessete prisioneiros de consciência nas prisões de Evin e Rajai Shahr haviam emitido uma petição protestando contra a prática ilegal e desumana do confinamento solitário na qual registraram a duração de seu encarceramento em confinamento solitário, descreveram suas queixas e exigiram o julgamento dos responsáveis.

O relatório também se refere a vinte e três ex-prisioneiros políticos que vivenciaram o horror do confinamento solitário e decidiram registrar uma queixa no escritório do Ministério da Justiça em Teerã. Até o momento, quarenta reclamações foram registradas oficialmente como consequência dessa nova

---

6   Ao montar uma linha do tempo desses eventos, consultei a entrada sobre Narges Mohammadi na Wikipedia, confirmando fatos e datas com outras fontes e com a própria ativista.

campanha liderada por Narges Mohammadi: a Unidade Contra o Confinamento na Solitária.[7]

A importância do papel de Narges Mohammadi nos direitos civis e na sociedade civil do Irã

Narges Mohammadi é um modelo de ativismo experiente, persistente e unificador pelos direitos civis. Suas habilidades foram aprimoradas graças a seu amplo envolvimento cívico em várias organizações.

Nos últimos vinte e oito anos, foi fundadora ou integrante ativa de onze organizações não governamentais que trabalham em prol da regularização dos direitos civis e humanos, entre elas Associação de Estudantes de Roushangaran (Associação de Estudantes Esclarecidos) na Universidade Internacional de Qazvin; Associação de Jovens Esclarecidos na cidade de Qazvin; Associação de Mulheres em Teerã; Sindicato de Jornalistas em Teerã; Associação de Defesa dos Direitos dos Prisioneiros; Centro de Defensores dos Direitos Humanos; Conselho Nacional da Paz; Comitê de Defesa de Eleições Livres, Justas e Seguras; Pare a Execução de Crianças; Legam; e Centro para a Cidadania da Mulher. Além disso, o nome de Narges Mohammadi (assim como o de várias defensoras proeminentes dos direitos das mulheres, como Shirin Ebadi, Simin Behbahani e Shahla Lahidji) foi registrado como uma das apoiadoras iniciais da campanha Um Milhão de Assinaturas pela Reforma das Leis Discriminatórias, também conhecida como Mudança para a Igualdade.[*]

Além do apoio nacional entre os iranianos progressistas dentro e fora do Irã, Narges Mohammadi recebeu vários prêmios internacionais importantes, incluindo o Prêmio

---

7   "17 Political Prisoners Join 'Campaign of Unity Against Solitary Confinement'", Iran Human Rights, 22 abr. 2021.

*   Para saber mais: Noushin Ahmadi Khorasani. *Iranian Women's One Milion Signatures. Campaign for Equality: The Inside Story.* Women's Learning Partnership, 2009 (disponível em PDF no site da organização Women's Learning Partnership). [N.E.]

Andrei Sakharov de 2018, da Sociedade Americana de Física; o Prêmio de Direitos Humanos de 2016 da cidade alemã de Weimar; e o Prêmio Per Anger de 2011, congratulação internacional do governo sueco para direitos humanos. Em 2010, quando Shirin Ebadi, ganhadora do Prêmio Nobel em 2003, recebeu o Prêmio Felix Ermacora de Direitos Humanos, ela o dedicou a Narges Mohammadi: "Essa mulher corajosa merece esse prêmio mais do que eu".

Narges é respeitada e tem a confiança de toda a sociedade civil e dos movimentos que criticam o regime da República Islâmica por ser uma unificadora, e não uma divisora. Tem sido útil na convergência de grupos progressistas, em vez de dividi-los ou polarizá-los. A ativista tem evitado o sectarismo e se mostrado enérgica na construção de coalizões que abranjam todo o espectro de orientações políticas, além de apoiar a diversidade e o pluralismo. Essas são características preciosas que raramente estão presentes em muitos dos principais políticos da cultura política dominante do Irã.

À sua maneira, Narges faz parte da crescente contracultura no Irã que se opõe à cultura violenta e ascética pregada pelos extremistas islâmicos fanáticos: uma atitude de afirmação da vida que abraça a busca da felicidade, da liberdade e da igualdade. Ao contrário dos extremistas religiosos entre os atuais governantes, que sacralizam o ascetismo ou hipocritamente fingem em público ser devotos, piedosos e rigorosos "homens de Deus", mas se comportam de forma imoral em particular, Narges está entre aqueles que acreditam que devemos promover honesta e abertamente a beleza, a felicidade, a não violência e a alegria.

Nayereh Tohidi nasceu em Teerã. É socióloga e doutora em psicologia da educação e há mais de vinte anos leciona na Universidade do Estado da Califórnia, onde também dirige o Centro de Estudos em Oriente Médio e Islamismo.

SOBRE A CONCEPÇÃO DA CAPA

As artes de protesto provenientes do Irã (ou de artistas da diáspora) desafiam a liderança política e religiosa do país usando ironia e as redes sociais. Muitas parodiam os slogans da República Islâmica com rebeldia disfarçada. Mesmo enfrentando um duro contexto político, parecem se alinhar com a cultura de outros movimentos revolucionários globais.

Essa linguagem visual indireta tem sido dominante no movimento artístico revolucionário iraniano nas últimas quatro décadas porque toda arte tem de ser sancionada por uma organização que atua como a "polícia da moralidade".

Inspirados nessas artes de protesto, exploramos o jogo de palavras que formam o título do livro. Os caracteres em primeiro plano quase escondem uma figura feminina (um retrato da autora Narges Mohammadi), como que provocando seu apagamento. Os olhos cobertos pelos desenhos das letras lembram o uso das vendas durante os interrogatórios.

Para o verso da capa exploramos os nomes das entrevistadas como se tivessem sido escritos insistentemente nas paredes das celas de confinamento solitário, como um ato desesperado para evitar o apagamento de sua existência.